ジョルジュ・フランソワ花の教科書
フランス花界の巨匠のエスプリとテクニック

Mon étude de fleurs

ジョルジュ・フランソワ

はじめに

　パリを代表するフローリスト、ムッシューこと、ジョルジュ・フランソワ氏。1963年からフローリストの仕事を始め、今日まで現役で活躍するパリ花業界のレジェンドです。枯れることのない発想、精力的な創作への意欲。そして、確固たる作品の世界観。そのすべてを日本のジョルジュ・フランソワ・ファンにお届けできるよう、一年をかけて本書を制作しました。

　ムッシューフランソワの作品を通して感じられることは、彼の世界観は日常の花の仕事から生まれているということです。55年にわたるフローリストとしての毎日の積み重ねが今日のムッシューフランソワを作っています。彼の愛するバロック芸術、子供のころから慣れ親しんだパリの風景や、一時疎開したノルマンディーのペルシュの自然。そうした過去の小さな一コマが作品へと繋がっています。古き良きパリへ誘われるようなムッシューフランソワのゆるぎない世界は他には真似のできない花のアートです。しかし、何よりも驚かされるのは、ムッシューフランソワの仕事へのこだわり。常に最高のフローリストでありたいと思う気持ち、そのための惜しみない努力はさすがレジェンドです。

　ムッシューフランソワの技術、世界観をパリのブティックで直接レッスンを受けているような臨場感で、この本とともに学んでいただければ幸いです。

Chères lectrices
Chers lecteurs

C'est avec une grande émotion
de joie et de bonheur
que j'ai réalisé ce livre
pour mes amis japonais
que j'aime
Ce livre est plein de
mon esprit et de mon
expérience de ma vie
fleurie et vous donnera
de bonnes idées
Merci
GF

親愛なる読者のみなさまへ　この本の出版が実現したことは、喜びと幸せに溢れる大きな感動です。本の中には、私のエスプリと、常に花とともに歩んだ人生の経験がたくさん詰まっています。私の大好きな友人である日本のみなさまのために、心惹かれるアイデアとともに私の花の理念を、お手元へお届けできることを大変嬉しく思います。

ジョルジュ・フランソワ

目次
Table des matiéres

はじめに　002

Chapitre 1
制作を始める前に
Avant de commencer

ジョルジュ・フランソワの美の世界とは　008
Le monde de beauté de Georges François

基本の道具と作業　010
Matériel et nettoyage

Chapitre 2
基本のコンポジション
Composition de base

パリスタイル　アン・ドゥ・トロワ　016
Le style Paris, un, deux, trois

基本のブーケ・ロン　020
Bouquet rond

春のシャンペトルブーケ　026
Bouquet champêtre de printemps

香りを楽しむヒアシンスのコンポジション　032
Composition de jacinthes

ブーケ・ロンのグリーンと花のメソッド　038
Méthode de bouquet rond avec des feuilles et des fleurs

グリーンはドラマティックに　044
Les feuilles dramatiques

グリーンで空間を活かす　046
Décorer l'espace avec des feuilles

ポタジェのコンポジション　048
Potager de Georges François

カリフラワーと野草のコンポジション　052
Composition avec des choux-fleurs et des fleurs des champs

童話の国が広がるミニキャロットのコンポジション　056
Composition dans une féerie

色から考えるメソッド　グラデーション　060
Méthode de la couleur gradation

ミックスカラーのグルーピングコンポジション　062
Composition de mélange de couleurs

Colonne

ムッシューフランソワのシャンペトルスタイルとは　031

パリジャンは香りのある花が好き　037

パリのフローリストにはグリーンが豊富　043

ムッシューフランソワのポタジェとは　059

昔から受け継がれるフランスの古い雑貨たち　065

パリのフローリストで使えるフランス語会話と単語　124

Chapitre 3
ジョルジュ・フランソワとパリ
Georges François et Paris

パリは芸術の都　ひらめきを与えてくれる街　068

バロックな光と影　070
Ombres et lumières baroques

春を待つ、ヒアシンス　072
Jacinthes attendant le printemps

サロン・ド・テのローズコンポジション　074
Composition de roses pour salon de thé

ムッシューフランソワと巡るパリ　076
Balade dans Paris avec monsieur François

季節の花と巡る四季　ブティックの一年　080

春　春の到来を告げる花、ヴィオレット　082
Les violettes qui annoncent l'arrivée du printemps

春　部屋を彩る春の花　084
Les fleurs du printemps qui illuminant la pièce

春　パリの風物詩、5月1日はミュゲの日　086
Le premier jour mai, c'est la fête du muget

春　フランスの古いティーセットにいける　088
Fleurs dans un ancien service à thé

春　ムッシューフランソワのアパルトマン　090
L'appartement de monsieur François

初夏　6月のブーケ・ド・マリエ　092
Bouquet de la mariée en juin

初夏　マリアージュのためのデコレーション　094
Décoration pour un mariage

初夏　マリアージュの花のおもてなし　096
Composition pour la cérémonie de mariage

夏　カンパーニュの夏を彩るブーケ　098
Bouquet d'été à la campagne

夏　ジョルジュ・フランソワのレッスン　100
Leçons de monsieur François

秋　琥珀色に輝く、静寂のコンポジション　104
Composition rayonnant des teintes ambrées

秋　輝くシャンデリアの下、ソワレのためのコンポジション　106
Composition pour une soirée sous un lustre illuminé

秋　パリのスターシェフ、ベルナール・パコーと
　　ジョルジュ・フランソワ　108
Le chef étoilé Bernard Pacaud et Georges François

冬　雪の精が舞い降りる、ノエルの夜　110
Composition de Noël

冬　深緑のクリスマス・デコレーション　112
Décorations de Noël

冬　真冬のティータイムアレンジ　114
Composition pour le thé en hiver

冬　ジョルジュ・フランソワの仕事場　118
La boutique de Georges François

早春　ムッシューフランソワ、高田賢三邸へ　120
Monsieur François chez Monsieur Takada pour des décoration de fleurs

Chapitre 1

制作を始める前に
Avant de commencer

フラワーアレンジに使用する道具の紹介と、制作前に必要な作業について説明します。
Préparation du materiel floral

ジョルジュ・フランソワの美の世界とは

　10代のうちにフローリストという職につき、一貫して自分の美の世界を追求してきたムッシューフランソワ。50年以上の歳月が積み重ねたその魅力的な美の世界をご紹介します。

　ムッシューフランソワが強く影響を受けたものにバロック美術があります。バロック絵画の光と影、豊かで重厚な色使い、そしてドラマティックな描写。どれもムッシューの作品そのもの。きれいな花をちりばめただけの作品には魅力がないと語ります。その言葉通り、ムッシューの作品には人を惹きつける力強さ、色彩の深みを感じます。また、古き良き時代のドレスやオブジェからも彼の思考が広がります。

　ジョルジュ・フランソワのブティックに飾られている数々のフランスの古い雑貨や花瓶は、ムッシューの世界観を表しています。人生の歳月の中で大切にしているのが、彼が生まれたいにしえのパリの下町、幼いころに疎開したノルマンディーの田舎の風景です。その時その時の切り取られた瞬間が、ムッシューのインスピレーションの引き出しにしまわれています。多くのお客様からも、いろいろなヒントを得たと話してくれました。2001年、銀座に「メゾンエルメス」として、エルメスジャポンの本社ビルが建てられたときに、オープニングセレモニーの花の装飾の仕事で、ムッシューは来日しています。パリ・ファッション界に多くの顧客を持ち、お客様からの高度な要求に応えることで、フローリストとして、成長してきたそうです。そして、何より作品を作る上で忘れてはいけないことは、花は生きているものだということ。花を知り、花を活かし、花を優先する。すべての作品制作のベースは花にあると語り、笑顔で話を終えました。ゆるぎない感性と培われた経験、そして花への愛情がムッシューの作品には込められています。

Choix des fleurs

花材

アーティチョーク
バラ
ビバーナム・スノーボール
シャクヤク
ラナンキュラス
ブプレウルム
ライスフラワー
グラミネ
ピスタキア

基本の道具と作業 Matériel et nettoyage

ムッシューフランソワが日常で使用している道具や作品の制作に使う資材を紹介。
また、パリのフローリストが必ず行う基本の作業について説明します。

ナイフとハサミ

フローリストの基本、ナイフとハサミの種類と使い方を紹介します。

A フローリストナイフ
パリで一般的なフローリスト用のナイフ。日本で一般的な折りたたみ式ではないが、軽く、使いやすい。

B ブロカントで見つけた
　手芸用の古いハサミ
ムッシューフランソワのコレクションで、実用というより、ブティックのディスプレー用。1920年代の物。

C 日本のハサミ
ムッシューフランソワの名入りのハサミ。日本の知人からのプレゼント。

D 枝切り用のハサミ
硬い枝や完成したブーケの茎を切り揃えるときに使用する。

E リボン切り用のハサミ
リボンやペーパーを切るときに使用する。

ナイフ

茎を斜めにカットすることが基本です。ナイフは鋭く切ることができるので、茎の中の組織を潰さず水揚げにも有効です。

ハサミ

ナイフで切れない硬い茎の花や枝ものはハサミを使用します。

持ち手の親指を茎の下に添えて持つ。ナイフを持った手は動かさず、茎を持つ手を上の方向に引くようにしてカットする。

茎を斜めに切ることで、茎の表面が広くなり、水の吸い上がりがよくなる。

カットした表面が広くなるように斜めにハサミを入れる。切り口が鋭いほうが吸水性スポンジに挿しても固定しやすい。

資材

ブーケやコンポジションを作るために、ムッシューフランソワが日常で使う資材を集めました。

A 吸水性スポンジ

花を固定させ、保水させるもの。日本ではホームセンターやお花屋さんで手に入る。

B ワイヤー

蔓に絡めるなど、作品にひと手間プラスするときに便利。

C 竹串

柔らかい茎を補強するときなどに使用。竹串で補強すると吸水性スポンジに挿しやすくなる。

D 保水用キャップ

花の保水用のキャップ。ムッシューフランソワはこれを茎の短い花の保水に用いる。

E 両面テープ

花器にひと工夫するときに使用。

F ペーパーラフィア

ブーケを束ねるときやラッピングに使う、パリのフローリストの必需品。

ラッピンググッズ

ブティックで使用されている主なラッピンググッズです。紙の色は季節によって変わります。

A ブーケを外から守る
　少し厚めのペーパー

カラーも豊富で、パリのフローリストは各自自分の店に合った色を選ぶ。ムッシューフランソワのブティックでは、白のペーパーは常時用意。カラーペーパーは季節に合わせて変えている。

B 薄いペーパー

ブーケを内側から優しく保護するための薄紙。フランス語でパピエ・ソワ、シルクの紙という意味。

C ペーパーラフィア

ブーケを束ねるほか、リボンの代わりとしてラッピングにも使用。

ショップカード

ムッシューフランソワのブティックのショップカードはパートナーのトモコさんデザイン。バラとパンジーの2種類、ブティックのイメージが伝わるクラシカルなカード。

Matériel et nettoyage

下処理

フランス語でネトワイエという花の下処理。主にブーケを作る前に行う作業です。
両手がふさがってしまうブーケ作り。あらかじめ下処理を済ませておけば、制作がスムーズになります。

I. 不要な葉を取り除く

茎から吸い上げた水が花に届く前に余分な葉に吸収されないように
使用する葉を残してすべて取り除きます。

ナイフを使った不要な葉の取り方

茎の表面を傷つけないように、葉の付け根にナイフを当てて優しく葉を取り除く。

花の下処理

ブーケ制作時に手で束ねるポイントまで、葉を落とす。ブーケを花器に飾るとき、葉が水につくと水が腐りやすく、花が長持ちしないので注意。

処理前　　　　　　　　　　処理後

枝もの、グリーンの下処理

花と同様、手で握るポイントまで、葉を落とす。小さい葉も丁寧に取り除く。

処理前　　　　　　　　　　処理後

II. 茎や枝を切り分ける

枝分かれしている花やグリーンは、ブーケの長さに合わせて切り分けます。
切り分けた茎や枝の余分な葉を取り除くことも忘れずに。

花の切り分け

余分な葉を取り除き、茎がどのように広がっているか確認してから、ブーケの長さに合わせて切り分ける。

処理前

処理後

花の蕾の整理

咲かない蕾はあらかじめ整理する。残した花や蕾が目立つようになり、すっきりする。

処理前

処理後

グリーンの切り分け

枝分かれしているグリーンも、あらかじめ切り分け、下の方の葉は取り除く。

処理前

処理後

Chapitre 2

基本のコンポジション
Composition de base

ジョルジュ・フランソワ流　フラワーアレンジの基本をプロセスとともに紹介します。
Le style de Georges François

本書でのコンポジションとはブーケ、アレンジメントを含めたフラワーアレンジの作品全般を表現する言葉として用いています。

パリスタイル アン・ドゥ・トロワ
Le style Paris, un, deux, trois

テーブルの上に色が踊る小さなグラスアレンジ

まずは初心者でも簡単にできるグラスアレンジを、
パリらしいテーブルデコレーションとともに紹介します。

Choix des fleurs

花材（左から）

スプレーバラ 'ジュリエッタ' 1本
ビバーナム・スノーボール 3本
シクラメン 3本
スミレ 3束
スプレーバラ（赤）...... 1本
スプレーカーネーション（エンジ）...... 1本
スプレーカーネーション（白）...... 1本
スプレーバラ 'グッドピーチ' 1本
他にグリーン
ピットスポラム 1本

Clef de l'inspiration

花材選びのヒント

　ポイントになる強い色の花と、それを引き立てる淡い色の花を選びます。

　強い色の花は発色のよい色合いを、淡い色の花は少しくすんだ色合いを選ぶとまとまります。淡い色の中に、印象が強いはっきりとした色を使うのが、ムッシューフランソワ流。

　3つの異なるグラスアレンジに同じ花材（ビバーナム・スノーボール）を用い、ひとつの作品としての一体感を作っています。スミレは花と葉を1束にしたミニブーケのような状態で売られていますが、ここでは、花と葉を分けて別々に使います。ミニブーケ1と2では、スミレの葉の使い方を変えています。

Palette des couleurs

カラーチャート（左から）

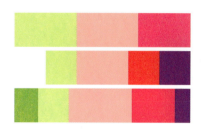

　3つの作品が少しずつ色を変えているのがわかります。ビバーナム・スノーボールのグリーンが繋ぎの役割をしています。

Clef de la composition

制作のヒント

　スミレの束は、はじめに花の束と葉に分けておき、花の束はそのままミニブーケに使います。スミレの葉はいろいろな方向に向けて変化を付けましょう。

　強い色の花（赤いスプレーバラ、スミレ）を所々に配置することで、作品全体にリズムが生まれ、春らしい雰囲気が漂います。

　ビバーナム・スノーボールは花の部分は大きいけれど茎はしなやかなので、グラスに直接いけるアレンジでは花留めの役割として使い、ミニブーケでは丸い形を作るのに使いましょう。

Préparation

下準備

制作を始める前に、花材を使いやすいように下処理をします。ビバーナム・スノーボールやスプレーカーネーションのように枝咲きになっている花材は、あらかじめ切り分けておきます。バラやスプレーバラは下の葉を取り除き、アレンジしたときに葉が水に触れないように気を付けましょう。スミレの束は花の束と葉に分けておきます。

※1本を切り分けて1枝ずつ使う場合は、1本とせず、1枝と表記します。

Savoir faire

作り方

グラスにいける

大きめのバラ3輪を花留めにした、簡単なグラスアレンジ。

1. 切り分けたスプレーバラのジュリエッタ1枝をグラスの縁にかけるように挿す。

2. その後ろにジュリエッタ2枝を入れる。

3. ビバーナム・スノーボールをジュリエッタの間に挿す。ジュリエッタより少し高めにする。

4. 左上にシクラメン2本を挿す。花がジュリエッタに隠れないように注意する。完成。

ミニブーケ 1

赤いバラにスミレの葉を周りにあしらったミニブーケ。

1. 切り分けたスプレーバラのグッドピーチ 2 枝とビバーナム・スノーボール 2 枝を束ねて、切り分けた白いスプレーカーネーションを入れる。

2. 葉を取ったスミレの花 1 束とビバーナム・スノーボール 1 枝を入れる。

3. ミニブーケを丸い形に整えて、赤のスプレーバラ 1 枝を中央に挿し入れる。

4. 挿し入れたスプレーバラの茎を下から引っ張り、高さを調整する。周りにスミレの葉をあしらい、紐で縛って、完成。

ミニブーケ 2

スミレの葉の動きが印象的なミニブーケ。

1. まず、スミレの花 1 束と葉 2 枚、ビバーナム・スノーボール 1 枝、グッドピーチを 1 枝束ねる。

2. さらに、グッドピーチ 2 枝と切り分けたエンジのスプレーカーネーション 1 枝を入れる。

3. スミレを 1 束入れ、ミニブーケを回転させて、反対側にもう 1 束入れる。

4. スミレの葉を花と花の間に挿し込むように入れる。スミレの葉はいろいろな向きにすると、リズムが生まれる。完成。

基本のブーケ・ロン
Bouquet rond

パリスタイルの基本

丸く束ねたブーケをフランス語でブーケ・ロンと呼びます。
ラッピングを施しギフト用花束に、花器に挿してデコレーションにと、
あらゆるシーンで使われるパリのフローリストの基本技術です。
パリスタイルのブーケ・ロンをムッシューフランソワのメソッドで、
ラッピングまで紹介します。

Choix des fleurs

花材（左から）

ビバーナム・スノーボール …… 2本
チューリップ …… 28本
シキミア …… 10本

Vase

花器

フランス、ブロカントの陶器

Clef de l'inspiration

花材選びのヒント

　花材選びで重要なことは役割に合った花を選ぶことです。
　作品の主役となるメイン花材、メイン花材を引き立てるサブ花材、作品のイメージや全体のバランスを整えるための花材などに分かれます。
　ブーケ・ロンのメイン花材はチューリップ、チューリップを引き立てるサブ花材がビバーナム・スノーボール、全体を整える役割の花材がシキミアです。メイン花材は花が大きめではっきりとした形のもの、サブ花材はメインの花と質感や花の形が違うものを選ぶことが大切です。
　選ぶ本数は花によってボリュームが異なるので、あらかじめボリュームを確認してから決めます。

Palette des couleurs

カラーチャート

　コントラストがはっきりとした色合わせが、作品に光と影を作っています。使用花材が少ないので、それぞれの花材のボリュームをバランスよく使うことが重要です。

Préparation
下準備

1. ビバーナム・スノーボールをブーケの出来上がりの長さに合わせて切り分ける。

2. チューリップの下の葉を取り除く。

Savoir faire
作り方

3. 切り分けたビバーナム・スノーボールの高さを揃えて、3枝束ねて持つ。両手で長さを揃えたら、右手に持ち替えてしっかりつかむ。

4. 片方の手で、ビバーナム・スノーボールをもう1枝入れる。

5. チューリップを1本、ビバーナム・スノーボールの高さに合わせて入れる。位置を変え、さらにもう1本入れる。

6. 両手でブーケをつかみ時計回りに4分の1回転させる。この時、握り方が緩いとブーケの形が崩れるので注意する。

7. さらにチューリップを1本入れ、また4分の1ほど回転させる。花の高さが揃っていることを確認する。

8. 花の頭をブーケの中に入れ込むようにしながら、チューリップを1本入れる。

9. 両手で、またブーケを回転させる。

10. ときどき、上からブーケを見て花の配置を確認する。チューリップとビバーナム・スノーボールが左右均等にならないように気を付ける。

11. テーブルの上にブーケを置き、さらにチューリップを入れていく。テーブルの上に置くことで、制作中のブーケの形の崩れをふせぐ。

12. 全体が丸くなっていることや花の位置を確かめ、次に入れる位置を考える。

13. さらにチューリップを入れる。上からきれいな丸いアウトラインになっているか確認する。

14. 欠けている部分にチューリップの花の頭を入れ込むようにして束ねる。

15. チューリップとビバーナム・スノーボールの花束の部分が完成。

16. ブーケをテーブルの上に置き、シキミアを周りに入れていく。この時、手に持つ部分にシキミアの葉が付いていないように注意する。

17. シキミアを2〜3本入れたら、両手でブーケを持ち、時計回りに4分の1ほど回転させる。

18. シキミアをブーケの中ほどに入れ込む。シキミアを中に入れることでチューリップ、ビバーナム・スノーボールとの繋がりができる。

19. ブーケの外側全体を包み込むようにシキミアを入れる。

20. ブーケを上から確認して、シキミアが全体に入っていることを確認し、完成。

21. ブーケをラフィアで縛る。しっかり縛らないと形が崩れるので注意する。

ラッピング

パリでは、ギフト用花束にする際に保水を施しません。まず薄いペーパーで包み花を優しく保護し、その上から厚めのペーパーを巻き、外の衝撃からブーケを守ります。

22. 束ねたブーケ、白の厚手のペーパー、赤の薄手のペーパーを用意する。

23. 赤のペーパーを半分に折り、ブーケを包むようにラッピングする。ブーケの付け根を両手でペーパーの上から軽く握る。

24. 左手で白のペーパーの上からブーケの付け根を握る。

25. 両手で付け根を持ち、ブーケを優しく回して白のペーパーで包む。

26. ブーケの付け根を両手で持ち、軽く握り形を整える。

27. 白いペーパーと赤いペーパーの角が重ならないようにブーケの位置をずらす。

28. その上からもう1枚同じ要領でブーケを包む。

29. ブーケの付け根にリボンを巻く。リボンが緩むとラッピングが崩れるので、しっかりと縛る。

30. リボンを結ぶ。リボンのループに親指を入れて、左右のループが同じ大きさになるように調整する。

31. リボンの結び目をふくらませて、リボンの形を整える。

32. ショップカードをピンで留める。

33. 完成。

Clef de la composition

制作のヒント

　まず、チューリップとビバーナム・スノーボールでブーケの基本になる丸い形を作っていきます。ビバーナム・スノーボールをチューリップの間に高めに挿し入れ、立体感を出すことが大切です。最後に周りをシキミアで囲み、全体の形を整えます。

春のシャンペトルブーケ
Bouquet champêtre de printemps

ナチュラルな花をメインに

シャンペトルとはフランス語で「田舎の」という意味。
枝ものや草花を花材に用いることで、
自然の風合いを感じさせるブーケに仕上がります。

Choix des fleurs

花材（左から）

ミルト …… 5本
スモモ …… 5本
ポピー …… 15本
タラスピ オファリム（ナズナ）…… 7本
ミモザ …… 8本
ワックスフラワー …… 10本

Clef de l'inspiration

花材選びのヒント

　枝もの、草花といった野の花を連想させる花材で統一されています。
　枝、花、草ものと素材感が違うものを、メインやサブなどの役割を踏まえバランスよく選びます。メイン花材のポピーは、草ものや枝ものと相性の良い花材です。色もカラフルで、春のイメージを表現しています。ミモザは季節感を出すだけではなく、花材の間に入れることでクッションの役割をします。周りにあしらったタラスピ オファリム、ミルトは植物の伸びやかな表情を表すとともに作品のフォルムを整えています。

Palette des couleurs

カラーチャート

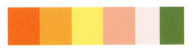

　オレンジ、黄色のグラデーションに薄いピンクを加えることで、より春らしい色合いに仕上がっています。

Bouquet champêtre de printemps

作り方

Savoir faire

1. スモモの枝をテーブルの上に置き、それをベースにしてスモモの枝の間にポピーを4本入れる。

2. ここでのポイントは左手（左利きの人は右手）でしっかり持つこと。

3. ミモザを1本入れる。

4. ブーケを立てて、全体の位置を確認しながらワックスフラワーを左に、中央にポピーを挿し入れる。

5. テーブルの上にブーケを置き、ワックスフラワー、スモモを入れる。

6. 全体に被るようにタラスピ オファリムを入れ、その上にスモモを加える。

7. オレンジ色のポピーをブーケの中に挿し入れる。

8. 挿し入れたポピーの茎を下から引っ張り束ねる。

9. 7〜8の要領で黄色のポピーを中央に入れる。

10. ブーケを裏返しにして、タラスピ オファリムを全体に入れる。さらにワックスフラワーを足す。

11. 両手でブーケを持ち、4分の1回転させた後、ブーケを左手（左利きの人は右手）に持ち替え、反対の手でミモザを入れる。

12. ポピーを上から挿し入れ、茎を下から引き、束ねる。

13. ポピーを外側に入れる。

14. 上からブーケを見て、全体のバランスを確認する。ポピーがブーケ全体にきれいに配置されているのがわかる。

15. タラスピ オファリムとワックスフラワーを外側に入れる。

16. 両手でブーケを回転させて、ブーケを左手（左利きの人は右手）に持ち替え、反対の手でミモザを入れる。

17. またブーケを回転させ、16と同じ要領でスモモの枝を入れる。

18. その上にミモザを重ねる。

19. 両手でブーケを回転させ、同じ要領でミモザを入れる。

20. 両手でブーケを回転させ、タラスピ オファリムを入れる。

21. その上にミモザを重ねる。

22. 両手でブーケを回転させ、同じ要領でタラスピ オファリムを入れる。

23. その上にワックスフラワーを重ねる。

24. 両手でブーケを回転させる。

25. ミルトをブーケの高さより長めに全体に入れる。

26. ラフィアでブーケを縛る。

27. 茎を切り揃えれば、完成。

Clef de la composition

制作のヒント

　ミルト、タラスピ オファリムが外側に伸びるきれいなラインを作り出し、植生感のある仕上がりになっています。対照的にブーケの中央部分はポピー、ミモザで構成され、春の明るい日差しの中で咲く花々を表現しています。

　シャンペトルスタイルは野草のような素材の使い方がポイントです。中央にラインのはっきりしたスモモ、周りにナチュラルなミルトやタラスピ オファリムを配置することで、美しいシャンペトルスタイルに仕上がっています。

ムッシューフランソワの
シャンペトルスタイルとは

　シャンペトルスタイルは1970年代にも、パリで流行しました。その時は野原に咲いた花を無秩序に花瓶に投げ入れるというスタイルでした。現代のシャンペトルは花材が多種多様になったお陰でより洗練され、ナチュラルなスタイルとして定着しています。

　盛衰の歴史を見てきたムッシューフランソワ。ムッシューのシャンペトルは、幼いころに暮らしたフランス北部のノルマンディーの風景。絵画に例えるならモネの風景画です。ただ野草類を束ねるだけではなく、ムッシューが作るシャンペトルはメインの花がきちんと見えて、さらに野趣溢れるイメージがブーケに表現されています。

　ブーケに隠されているのは起伏のある丘陵に咲く野花の風景。それゆえに、ムッシューはシャンペトルのブーケは春から夏の花材でしか作りません。四季を感じ、花の心を大切にするムッシューのフローリストとしての気概がこんなところにも感じられます。

香りを楽しむ
ヒアシンスのコンポジション
Composition de jacinthes

春の花を植生的にいける

香りのある花を好むフランス人。ヒアシンスの香りがアパルトマンいっぱいに広がります。
ガトー仕立てでデザインに遊び心と春らしい植生感を表現しています。

Choix des fleurs

花材(左から)

アネモネ …… 5本
ヒアシンス …… 16本
グレープアイビー …… 5本
ハゴロモジャスミン …… 3本

Matériaux et vase

資材・花器

両面テープ
ツバキの葉　適宜
竹串
吸水性スポンジ
ペーパーラフィア

ガラスの円筒形の花器

Clef de l'inspiration

花材選びのヒント

　堅い質感をしたヒアシンスを並べたベースに、花びらの薄いアネモネとラインの美しいハゴロモジャスミンが作品に柔らかさを添えています。自立できないヒアシンスの葉は、吸水性スポンジと花器の側面で挟むことですべて使用でき、さらにヒアシンスの植生を再現しています。

作り方

Savoir faire

1. ヒアシンスの葉を5、6枚束ねる。花器の内側に束ねた葉を並べ、吸水性スポンジで押さえて固定させる。

2. 固定させた吸水性スポンジの隙間にも、ラフィアで束ねたヒアシンスの葉を入れる。

3. 花器の内側に葉を並べ、適当な大きさに切ったスポンジをセットし、スポンジと葉を固定させていく。

4. 隙間にヒアシンスの葉を入れる。

5. ヒアシンスの葉で隙間を埋めきれない場合は小さく切ったスポンジをセットして固定する。

6. 土台の完成。ヒアシンスの葉と吸水性スポンジが隙間なく固定されているのを確認する。

7. ヒアシンスが挿しやすいように、前処理をする。まず、ヒアシンスの茎をナイフで直角に切る。

8. 竹串を茎の中に刺す。

9. 5cmほど刺し込み、余分な竹串はハサミで切り落とす。

10. 柔らかい茎に竹串を刺すことによって、吸水性スポンジに挿しやすくなる。使用するヒアシンスすべてにこの作業を施す。

11. 吸水性スポンジの表面に棒で穴を空け、さらにヒアシンスを挿しやすくする。

12. 茎の下のほうを持ち、スポンジに挿す。

13. 葉に沿って、外側にヒアシンスを挿していく。葉の上にちょうど花が出るくらいの高さにする。

14. きれいにヒアシンスが並ぶように挿す。葉と花の間に隙間ができないようにする。

15. 葉に沿って、きれいに並ぶように挿してあるのがわかる。

16. ヒアシンスの内側にもう一回りヒアシンスを挿す。

17. 順番にヒアシンスが並ぶように挿していく。

18. ヒアシンスを2周挿し終わったら、細い蕾のヒアシンスを隙間に入れ、変化を付ける。

19. 中央にグレープアイビーの実を1本、ヒアシンスと同じ高さに挿す。

20. グレープアイビーはグルーピングにして、残りの4本を入れる。

21. アネモネを中央の空いている部分に1本挿す。

22. 挿したアネモネの横にさらにアネモネ2本を挿す。ヒアシンスを優しく倒して入れると挿しやすい。

23. ハゴロモジャスミンを中央に1本入れて、蔓を外側に流す。2本は外側の後ろに挿し、手前に流す。

35 | Composition de jacinthes

24. ツバキの葉の裏側に両面テープを貼る。

25. 花器の外側に順番に貼り付ける。ツバキの葉が湾曲しているので、きちんと貼り付くように葉の表面を指で押さえる。

26. 完成。

作品を上から見るとグレープアイビー、アネモネ、ハゴロモジャスミンの配置がよくわかる。

Clef de la composition

制作のヒント

　規則正しくヒアシンスを並べた、童話に登場するケーキのようなコンポジション。ヒアシンスは蕾の堅いものを選び、咲きすすむようすも楽しみます。ヒアシンスの葉は柔らかいので、吸水性スポンジできちんと挟むことが大切です。

　花器に貼ったツバキの葉は器のデザイン性を高め、コンポジションのメカニックを隠しています。ツバキの葉は直接器に貼り付けても長く緑の色と形を保ちます。

パリジャンは香りのある花が好き

　日本では、花にまつわる行事が一年を通じて行われていますが、特に母の日や五節句が有名です。母の日と言えばカーネーション、ひな祭りには桃、端午の節句には菖蒲を昔から飾ってきました。なぜか日本の行事に使われる花は香りをメインに楽しむという習慣は少ないようです。

　フランスでも花にまつわる行事がいくつかあります。パリのフローリストが忙しくなるイベントといえば、2月14日のバレンタイン・デイ、5月1日のスズランの日、5月の最終日曜日の母の日、そして、クリスマス。どの行事にも香りのよい花が付きものです。

　バレンタインは日本とは違って、男性から女性に花を贈ることも多く、やはり男性が選ぶのは何と言っても香りのよいバラでしょう。5月1日はスズランの日。フランス語で"féte du Muguet"と言い、家族や友達の幸せを祈って、スズランのかわいいブーケを贈ります。フランスの母の日も、感謝を込めて母親にプレゼントをしますが、ムッシューフランソワのブティックでは香りのある大きなシャクヤクやローズジャルダンと呼ばれる香りの強いガーデンローズが人気です。クリスマスに飾るモミの木はエッセンシャルオイルに使われるほど、心や身体によい、自然を感じる香りがします。

　パリでは、本当に花の香りが大切にされています。ムッシューフランソワのブティックを訪れるパリジャン、パリジェンヌたちも注文のブーケを待つ間、店内に溢れる花の香りを楽しみ、ムッシューとのウイットに富んだ会話をして、出来上がったブーケを手にパリの街へ飛び出していきます。

ブーケ・ロンのグリーンと
花のメソッド

Méthode de bouquet rond avec des feuilles et des fleurs

ムッシューフランソワの手仕事

より複雑なブーケ・ロンのテクニックを紹介します。
グリーンの使い方、花の配置、色合わせなど、
まさにムッシューフランソワの世界です。

Choix des fleurs

花材（左から）

ラナンキュラス（エンジ）……2本
ラナンキュラス（赤）……6本
アストランティア……10本
スプレーバラ'ミミエデン'……3本
バラ……7本
ピットスポラム……10本

Nettoyer

下処理

　ブーケ作りの作業がしやすいように、あらかじめ下処理をします。ブーケの出来上がりを想定し、それより少し長めに切り揃え、手に持つ部分にかかる葉は取り除きます。

Clef de l'inspiration

花材選びのヒント

　基本のブーケ・ロンに比べ、花の種類が多く色も複雑です。メイン花材はラナンキュラス、バラ、スプレーバラ'ミミエデン'、サブ花材はアストランティア。ジョルジュ・フランソワのベーシックなスタイルです。グリーンは日本でもポピュラーなピットスポラムを用い、明るい黄緑色が全体を春らしく引き立てています。

Palette des couleurs

カラーチャート

 葉の色

　抑えた色調（ラナンキュラス）と明るい色調（バラとミミエデン）がバランスよくミックスすることで、落ち着いたクラシカルな雰囲気を作り出しています。2種類のラナンキュラスを使うことで、さらに色合いに深みが増します。

作り方

1. スプレーバラのミミエデンを1本持つ。

2. バラを入れる。

3. ミミエデンとバラの位置を確認する。

4. テーブルの上に置き、ミミエデンとバラを1本ずつ入れる。

5. ミミエデンを入れる。

6. ブーケの中心となる束ができたので、両手で持って、ブーケを4分の1回転する。

7. テーブルの上にブーケを戻し、ミミエデンとバラを入れる。

8. ブーケを握る手を少し緩め、もう一方の手でバラの首を持ち、ミミエデン、バラの高さを調整する。

9. 高さが揃い、丸くなるようにブーケを整える。

10. ブーケをテーブルの上に置き、赤のラナンキュラスを入れる。

11. ブーケを両手で持ち、回転させた後、エンジのラナンキュラスを2本入れる。

12. またブーケを回転させて、赤のラナンキュラスを入れ、もう一度回転させ、同様に赤のラナンキュラスを入れる。

13. ブーケを上から確認して、花首を優しく持って花の高さを調整し、全体を丸い形に整える。

14. メイン花材によるブーケの中心部分が完成。

15. サブ花材のアストランティアをブーケの内側に挿し込む。

16. 挿し込んだアストランティアの茎を下から引き、高さを調整する。

17. ブーケの周りにアストランティアを入れる。

18. ブーケを回転させた後、アストランティアを入れる。

19. アストランティアはブーケを包み込むように外側全体に入れる。

20. ピットスポラムをブーケの内側に挿し入れる。

21. 挿し入れたピットスポラムの枝を下から引き、花より高い位置で留めて束ねる。

22. ブーケの周りにピットスポラムを入れる。

23. ブーケの周りのアストランティアの隙間にピットスポラムを入れ、丸い形に整える。

41 | Méthode de bouquet rond avec des feuilles et des fleurs

Savoir faire

束ね方

24. ブーケの茎を切り揃える。

25. 左手の指の間にラフィアを挟み、ブーケを逆さまにして、しっかりとラフィアを巻き上げ、縛る。完成。

Clef de la composition

制作のヒント

ジョルジュ・フランソワの基本メソッドを3つのポイントに分けて、説明します。

バラとラナンキュラスのメインの部分が完成した一番目のポイントです。アプリコットのバラは、4輪の大きめのグループと、他に1輪ずつ3か所に配置されています。ジョルジュ・フランソワの基本メソッドはまんべんなく均等に入れるのではなく、アシンメトリーに大小のグループに分けて配置します。また、左側にはラナンキュラスのきれいなラインが施され、そのラインとのバランスを取るように右側にラナンキュラスが1輪添えられています。花の大小のかたまりと流れるようなラインによって、作品の中に躍動感が生まれます。

メイン花材の周りにサブ花材のアストランティアが入った次のポイントです。アストランティアによって、ブーケのアウトラインが整いました。外側だけに入れるのではなく、メイン花材の中にも挿し入れています。中のアストランティアが外側との繋ぎの役割をして、ブーケに一体感を与えています。ブーケの外側をサブ花材やグリーンで包むことを、ムッシューは「コルレット」と呼びます。「コルレット」とはルネッサンス以降流行した、豪華なドレスの飾り衿のことです。

ブーケが完成した最後のポイントです。
効果的にグリーンが使われています。目立つようにやや高めに入れています。黄緑色のグリーンが入ることで全体が明るくなったのがわかります。コルレットは1種類の花材だけではなく、複数の花材を使うことで深みが生まれ、メイン花材とのコントラストが引き立ちます。

パリのフローリストには
グリーンが豊富

　パリのフローリストが日本のお花屋さんと比べて違うところは、グリーンの多さと、高級な花や大きな花以外は大概1束単位で売られていること。小ぶりなブーケの注文には、いろいろな種類の花のミックスで、とはいかないようです。花の種類が少ない代わり、ブーケには必ずと言っていいほどグリーンをあしらいます。そのため、パリのフローリストにはグリーンの種類と量が実に豊富です。それもそのはず、パリ郊外にあるランジス市場には、フィヤジストというグリーン専門の仲卸が何軒かあります。フランス語で葉のことをフィヤージュと言います。フィヤジストは、つまり葉っぱ屋さん。

　ジョルジュ・フランソワのブティックでは、枝ものまで含めると常時10種類以上のグリーンを揃えています。日本贔屓のムッシューフランソワは季節によっては、パリではめずらしいボケやスモモといった花の枝まで置いています。アンティークな店内にジャポネスクな花の枝、花を買いに訪れる人にジベルニーの「モネの庭」の日本庭園を連想させます。

　ムッシューフランソワはブーケに使うグリーンは基本的には無料にしています。それは昔からの習慣。パリジャン、パリジェンヌもそれが当たり前と思っているようです。でも、最近では種類も豊富になり、それに伴いポピュラーなグリーンの価格も上がり、すべて無料というわけにはいかなくなりました。昔からの習慣を大切にするムッシューフランソワは、今でもブーケにはグリーンをサービスしています。無料にできない葉や通常以上のグリーンを使うときは、あらかじめ有料になることをお話しするそうです。こんな葉っぱ1枚のことでも、思わぬパリのフローリストの歴史や習慣が隠れていました。

グリーンはドラマティックに
Les feuilles dramatiques

1本のツタでイメージを変える
グリーンの使い方次第で、作品の印象を変えることができます。
大胆にそして繊細なグリーン使いを紹介します。

花材

[グリーン]
野草のツタ …… 1本

[花]
トラケリウム …… 5本
グラミネ …… 5本
ブプレウルム …… 5本
アゲラタム …… 20本
ホワイトレースフラワー …… 1本

花材選びと制作のヒント

　大胆なグリーン使いですが、ツタの色がアゲラタム以外の花材とほぼ同じ色なので、存在が強すぎず、繊細なバランスになっています。

　ツタとコンポジションのグリーンの花は、それぞれの質感を変えて作品にメリハリを付けています。アゲラタムが作品の後ろから前へ流れるようなラインで、大胆なツタに行きがちな視線を作品の中心に引きつけています。

　トラケリウムの間や周りにブプレウルムを入れ、全体のフォルムの細かな修正をします。

カラーチャート

　アゲラタムの紫と他の緑色はほぼ反対色に近い色相です。反対色のアゲラタムの面積を狭くすることで、より強い印象を与えます。

グリーン使いのヒント

　作品に何か変化を付けたいとき、蔓ものは大変重宝します。器の周りに添えて流れを作るという手法は蔓ものの使い方の王道ですが、この作品のように主たるコンポジションの部分が重く、硬い仕上がりの場合、周りにあしらうだけではインパクトに欠けてしまいます。

　大きな葉を見せてコンポジションの上にかかるように使用することで、生き生きとした息吹が生まれ、よりドラマティックな印象を与えます。ムッシューフランソワらしい洗練されたグリーン使いです。

ツタを入れる前の作品、印象が違います。

グリーンで空間を活かす
Décorer l'espace avec des feuilles

存在感が増すグリーンのあしらい方

広い場所にいけたコンポジションです。
自然な蔓のラインが作品を大きく見せ、見る人の想像力を刺激します。

花材

[グリーン]

ハゴロモジャスミン …… 2本

[花]

ヒアシンス …… 5本

ムスカリ …… 6本

フリチラリア …… 3本

スイセン …… 2本

ルイシア 2種 …… 各1本

花材選びと制作のヒント

　中心のコンポジションは花の色のコントラストが強いため、非常に個性的な作品に仕上がっています。その周りの優しい質感と動きを持ったハゴロモジャスミンをあしらうことで、ムッシューフランソワの世界を完成させています。中心のコンポジションは"静"を、周りの蔓は"動"を感じさせ、インパクトと自然な植生感が同居している作品です。

　作品の中央のブルーの部分はヒアシンスとムスカリを交ぜることで、色に深みを加え、色の対比を和らげています。コンポジションをまず仕上げて、飾る場所にセットしてからハゴロモジャスミンをあしらうと、よりその空間にマッチした作品に仕上がります。ワイヤーのかごの黒が作品をシックな印象にまとめています。

カラーチャート

コントラストの強い色使いです。あらゆる色相の花が使われています。

グリーン使いのヒント

　この作品はハゴロモジャスミンの蔓を、中心のコンポジションの大きさの2倍以上の広がりを持たせるという大胆な構図です。蔓の間に背景が透けて、飾る空間と作品に一体感が生まれています。

　白い花の咲いたハゴロモジャスミンは強めのいい香りがして、玄関ホールのような場所に飾るのに適しています。訪れる人を香りで迎えるというしゃれた心使いが感じられる作品です。

　蔓性のグリーンは、その流れを活かすことによって、作品にリズムが生まれ、使っておもしろい花材と言えます。グリーンはその種類と使い方によって、作品の仕上がりを左右しますので、実際にいろいろなグリーンに挑戦してみることが大切です。

ポタジェのコンポジション
Potager de Georges François

野菜畑をテーブルへ

シンプルなガラスの花瓶にネギを巻き付けます。
花器がすでにオブジェのようです。
器の表面に花や葉ものを巻くことを
フランス語でアントゥラージュと言います。

Choix des fleurs

花材（左から）

アジサイ …… 3本
ホワイトレースフラワー …… 20本
スプレーバラ'ピエール・ドゥ・ロンサール'
…… 10本
ネズミモチ …… 5本
トラケリウム …… 2本
ウイキョウ …… 3本

Matériaux et vase

資材・花器

ペーパーラフィア
両面テープ（テープの幅5cm）
ネギ …… 40本

ガラスの花瓶

Clef de l'inspiration

花材選びのヒント

　フランスのネギは日本のものより小ぶりで、しっかりしています。日本で代用するならば、青ネギの太めのものを短くして使うのがいいでしょう。根が付いている場合は取り除いて使用します。
　ブーケの花材は、ピンクのスプレーバラ'ピエール・ドゥ・ロンサール'がポイントです。ムッシューフランソワのメソッドは、このようにアイキャッチになる花を流れるようなライン状にして使用します。ポイントの花以外は緑から白のグラデーションでまとめ、このバラを引き立てています。

アントゥラージュ

Entourage

1. ガラスの花瓶に上下に両面テープを貼る。その上にネギを貼り付けるようにして並べる。

2. ネギを7本並べたら、ラフィアで一度縛って固定させる。

3. 花瓶を回して、同じようにネギを並べた後、ラフィアで縛る。この作業を繰り返し、花瓶全体にネギを付ける。

4. 花瓶の周りすべてにネギを巻き付けたら、もう一度全体をラフィアで縛る。

5. 花材のアジサイを1本短く切り揃え、ラフィアを隠すようにラフィアとネギの間に挿し入れる。アントゥラージュの完成。

作り方

Savoir faire

6. アジサイを1本手に持ち、トラケリウムを1本入れる。

7. ブーケを回転させ、テーブルの上に置いて、スプレーバラのピエール・ドゥ・ロンサールを2本入れる。

8. ブーケを回転させて、ピエール・ドゥ・ロンサールを3本入れ、ふたたびブーケを回転させ、ウイキョウ、アジサイを入れる。

9. ブーケを正面や上から見て、花の配置を確認する。ピエール・ドゥ・ロンサールがライン状に配置されている。

10. ブーケをテーブルの上に置き、ピエール・ドゥ・ロンサール、ネズミモチ、ウイキョウを入れる。

11. ブーケを回転させ、トラケリウム、ネズミモチを入れる。

12. また、ブーケを回転させ、ピエール・ドゥ・ロンサールを入れる。

13. ブーケの上からホワイトレースフラワーを挿し、下から挿し入れた茎を引いて、高さを調節してから束ねる。

14. ブーケをテーブルの上に置き、ネズミモチを入れる。

15. ブーケを上から見て、形が丸くなるように残りの花材を入れる。最後にピエール・ドゥ・ロンサールを外側に入れる。

16. ブーケが完成。アントゥラージュされた器に入れる。

Clef de la composition

制作のヒント

　四方見のコンポジションです。どこから見ても美しく、かつ見る方向で表情が違います。この作品のポイントは器とブーケの高さのバランスです。ブーケの部分を1としたとき、器は1.6の黄金比のバランスになっています。黄金比は、古代から伝わる人が最も美しいと感じる比率。器と花のバランス以外でも、有効な比率です。

作品を反対側から見たところ。

カリフラワーと野草のコンポジション
Composition avec des choux-fleurs et des fleurs des champs

ムッシューフランソワが紡ぐ大地の贈り物

ふらりと庭に出たムッシューフランソワ。
戻ってきたムッシューの腕には、抱えきれないほどの夏の草花。
そのまま作りかけの作品へあしらいます。
フランスの肥沃な土地の香りが草花から伝わってきます。

Choix des fleurs

花材

- A　カリフラワー …… 6個
- B　ビバーナム・スノーボール …… 10本
- C　チーゼル …… 3本
- D　ヒペリカム …… 7本
- E　ビバーナムコンパクタ …… 2本
- F　ウイキョウ …… 2本
- G　バラ(赤) …… 6本
- H　スプレーバラ'ブラックバッカラ'
　　…… 10本
- I　ツタ …… 2種
- J　カモミール …… 2本
- K　ノバラ …… 1本
- 他　グラミネ(コバンソウ、他1種)
　　…… 計5本など

Vase

花器

ヴァーズメディシス(アンテーク調の花器のこと)

Clef de l'inspiration

花材選びのヒント

　野菜と野草をメインに、自然がもたらす恵みを集めたような花材です。花材に野菜が入ると、作品が雑な印象になりがちですが、花器の上に配置したカリフラワーと中心にいけた2種類の赤いバラが、作品に重厚感を与え、実ものがそれらと野草を繋げる役目をしています。このバラとカリフラワーのおかげで、野趣溢れるたくさんの花材の軽やかな素材感が浮き立ちます。ビバーナム・スノーボールは普段、空気感を感じる花材ですが、ギュッとまとめて、カリフラワーの間に挿すことで、また違った質感になります。

Décoration

飾り方

　花器の足元にデコレーションしたツタを取り除くと、作品のイメージが変わります。野趣に富む印象から、重厚感のある絵画のような趣を感じさせます。ビバーナム・スノーボールを左下に少し垂れさせているところが、絶妙なムッシューのバランス感覚です。

Préparation

下準備

1. 給水のための保水用キャップを用意し、短い花材はキャップに挿しておく。キャップに入れた花材は、吸水を気にせずそのままコンポジションに挿すことができる。

Savoir faire

作り方

2. カリフラワーの葉を取り、茎を平らに切って竹串を刺す。

3. 長めの竹串を使用。他のカリフラワーも同じように竹串を刺しておく。

4. 花器の内側には、防水用のプラスティックの器が付いているので、ここに水を入れる。

5. 竹串を花器の深さに合わせてカットし、カリフラワーを回して、落ち着きの良いところで花器の縁にかけて固定する。

6. カリフラワーの間にビバーナム・スノーボールをまとめて入れる。

7. 作品をまたぐようにツタを1本挿す。

8. ビバーナムコンパクタを2本、左側に挿す。ビバーナムコンパクタは枝分かれしているので、これでさらに花を留めやすくなる。

9. 赤バラを入れる。バラは多少高低差を付け、いろいろな方向に向けるとよい。

10. スプレーバラのブラックバッカラを中央に入れる。赤バラとブラックバッカラの色味の違いがわかる。同系色の色味の違いは作品の色使いに深みを与えている。

11. チーゼルを上のほうに、グラミネ（コバンソウ）を下のほうに挿す。全体にヒペリカムを入れる。

12. ウイキョウ、グラミネなどふんわりしたものを入れる。キャップに挿したカモミールとビバーナムコンパクタを挿す。

13. ノバラ、ツタなどの蔓ものを周りにあしらい、完成。

Clef de la composition

制作のヒント

竹串を刺して固定させたカリフラワーは花留めの役目もしています。本来なら吸水性スポンジを使用する花器ですが、カリフラワーが花器の高さを上げ、口を小さくしたことで、直接挿しても花材を留めることができます。

Composition avec des choux-fleurs et des fleurs des champs

童話の国が広がる
ミニキャロットのコンポジション
Composition dans une féerie

憧れのイングリッシュ・ローズを使って

ミニキャロットをアントゥラージュした器に
イングリッシュ・ローズをあしらいました。
まるで絵本から飛び出してきたようなファンタスティックな作品です。

Choix des fleurs

花材

イングリッシュ・ローズ 2種 …… 計20本
ワレモコウ …… 10本
ホワイトレースフラワー …… 20本
スモークグラス …… 10本
アルケミラ・モリス …… 10本
プルンバーゴ …… 3本

Palette des couleurs

カラーチャート

ワレモコウの茶色が作品全体を引き締めています。イングリッシュ・ローズの濃淡のピンクをホワイトレースフラワーの白が引き立てています。

Clef de l'inspiration

花材選びのヒント

　シャンペトルを思わせる作品です。ホワイトレースフラワー、ワレモコウ、スモークグラスなどの野の花をふんだんに使っています。これらの野の花にあえてガーデンローズであるイングリッシュ・ローズを用い、全体のイメージを統一させています。

Matériaux et vase

資材・花器

ミニキャロット …… 50本
ブルーベリーの実　適宜
ペーパーラフィア
太めの輪ゴム

ガラスの花瓶

Composition dans une féerie

アントゥラージュ

ミニキャロットの器の作り方を説明します。アントゥラージュ（器の表面に花や葉などを巻くこと）の上級編です。

1. オレンジ、茶色を交ぜたミニキャロットを5本ずつラフィアで縛る。

2. 縛ったミニキャロットをガラスの花瓶の表面に並べる。滑るので、両手でしっかり押さえる。

3. 花瓶の底とミニキャロットの先を合わせる。

4. 太めの輪ゴムでミニキャロットを固定する。固定した後、ミニキャロットを縛っていたラフィアをハサミで切り、取り除く。

5. 収まりがいいように、ミニキャロットの並べ方を整える。

6. ミニキャロットの葉の部分を輪ゴムで留め、立たせる。

7. ミニキャロットの上下2か所を輪ゴムで留めて、固定された花瓶。

8. 下の輪ゴムの部分を上からラフィアで縛り、ミニキャロットをしっかり固定させる。

9. ミニキャロットでアントゥラージュされた花瓶。

10. 装飾用の皿に置き、野草の花でラフィアを隠して、完成。

制作のヒント

ミニキャロットを固定する輪ゴムは太めのしっかりしたものを選びましょう。ミニキャロットの葉がコルレット（P.42：作品の周りをグリーンなどで包む手法）の役目をして、器と花の部分をひとつにまとめています。

ムッシューフランソワの
ポタジェとは

"ポタジェ"とは、フランス語で野菜畑のこと。日本では、いつの間にか野菜や果物を使うフラワーアレンジの手法をポタジェと呼ぶようになりました。

ポタジェと言えば、ムッシューフランソワを思い浮かべる日本のフローリストは多いはず。それもそのはず、ムッシューは1970年代からポタジェのコンポジションを作っていました。はじめは麦の穂を使って器にアントゥラージュした（巻き付けた）素朴なアレンジ。当時、新しい感覚で多くのムッシューのファンを作りました。

時代を経て、ポタジェのコンポジションも、野菜や果物、ラベンダーの花など、いろいろな素材が使われるようになりました。ムッシューのインスピレーションの引き出しは素材の多さだけでなく実に多彩です。

たとえば、バルボティーヌと呼ばれるフランスアンティークの陶器。花や野菜、果物などをモチーフにして、本物そっくりに立体的に成形した皿や壺などです。紹介したネギを使ったポタジェのコンポジション（P.48）は、このバルボティーヌから発想を得たそうです。また、花や果物で人の顔を描いたアルティンボルドの絵も作品の創作に影響を与えていると話してくれました。

野菜や果物は、花との相性のよい素材。はるか昔から芸術家たちを魅了した組み合わせだったようです。そこから発想を得て、時代にふさわしい調和のあるコンポジションに仕立てる。ゆるぎないテクニックがベースにあるからこそ、できることと言えます。

色から考えるメソッド
グラデーション

Méthode de la couleur gradation

絵画のような色使い

グラデーションはフラワーアレンジのカラーパターンの基本です。
ムッシューフランソワのグラデーションは、油絵のような深みを感じさせます。
花材を分解して、その秘密を紹介します。

Gradation

グラデーションとは

フラワーアレンジのグラデーションとは、微妙に異なる色の花を組み合わせて、段階的な色彩の変化でまとめた色使いを指します。この作品を例にとると、パープルからエンジ、赤、ピンクと徐々に色の違う花を合わせています。

ムッシューフランソワのメソッドは、グラデーションでまとめられた花の組み合わせに、アクセントとなる、まったく別の色をプラスします。

グラデーションのベースの色と別の色が作品に明暗を生み、ドラマティックな印象を与えます。グラデーションの花、アクセントの花、周りを包むコルレットの花と役割別に見ると、作品の構成が理解できます。

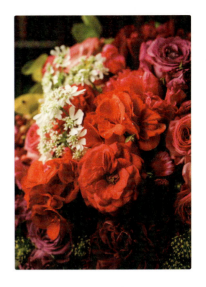

Fleurs en gradation

グラデーションの花

段階的に色が変化しているのがわかります。

ゼラニウム

ガーデンローズ

スプレーバラ
'ピエール・ドゥ・ロンサール'

カーネーション

ナデシコ

シャクヤク

スプレーバラ
'レディ ボンバスティク'

Fleurs accentuees

アクセントの花

ベースのグラデーションとは異なる白がアクセントカラーとして選ばれています。

オルラヤ

Collerette

コルレットの花

通常のグリーンを使わず、黄色のウイキョウ、紅葉のジューンベリーをあしらっています。

ウイキョウ

ジューンベリー

Clef de la composition

制作のヒント

スプレーバラのピエール・ドゥ・ロンサールが作品左にライン状に流れ、バランスを取るように右に1本入れてあります。ピエール・ドゥ・ロンサールの間にパープルから赤のグラデーションの花が配置されています。コルレットに黄色を使ったことで、油絵のような重厚感が生まれます。

ミックスカラーの
グルーピングコンポジション

Composition de mélange de couleurs

色の変化の強い花の組み合わせはグルーピングで

色同士が対立してしまう難しい色合わせは、
グルーピングにして、お互いを引き立たせます。
花材のボリュームのバランスがポイントです。

Mélange de couleurs

ミックスカラーの花

大きさ、色、質感が異なる花材です。グルーピングにして、それぞれの個性を引き立たせています。作品の中心に大きく、強い色のアジサイを配置し、見る人を惹きつけます。

アジサイ　　ラベンダー　　スプレーバラ'パンドレロ'　　エリンジウム

スプレーバラ'ジュリエッタ'　　ナデシコ

Collerette

コルレットの花

明るめの白、グリーンの色合いとナチュラルな質感の花材が、ミックスカラーのコントラストをソフトにしています。

コリアンダー　　イボタノキ

Clef de la composition

制作のヒント

手法はブーケ・ロンです。中心のナデシコから組み始め、アジサイ、スプレーバラのジュリエッタをグルーピングで入れていきます。ライン状にしているナデシコやエリンジウムは全体を確認しながら、途中上から挿し入れて、ピンポイントで配置します。最後にコルレットの花をブーケの周りにあしらいます。

Palette des couleurs

カラーチャート

グラデーション（P.60）とミックスカラーの色合いを比べてみましょう。

グラデーション

微妙な色の変化が調和を生み、まとまった印象を与えます。なじみやすい色合わせです。

ミックスカラー

色の個性がぶつかり合っています。個性的で、強い印象になりますので、色のバランスに注意します。

Composition de mélange de couleurs

花器を変えてイメージチェンジ

ブロカントの古い缶に花瓶をセットして、花器に。
ラフな缶にブーケをいけて、中庭のテーブルへ飾ります。
午後の木漏れ日に、よく似合います。

Vase

花器

　同じ作品でも、花器を変えるだけでイメージが違ってきます。ガラスの上に飾りが施されたクラッシックな雰囲気の花瓶と合わせると、作品も重厚なイメージが漂います。アンティークのワセリンの缶に変えると、カジュアルな明るい感じになります。個性的な花器はそれだけで十分存在感がありますので、作品のイメージ作りに役立ちます。

飾りの付いたガラスの花瓶

ワセリンの缶

昔から受け継がれる
フランスの古い雑貨たち

　花が溢れるジョルジュ・フランソワのブティックの店内には、ブロカントの雑貨が数多く飾られています。古き良きパリを感じさせる店内の名脇役といったところです。パリでは毎週のようにマルシェ・オ・ピュスと言われる蚤の市が立ちます。プロの古物商が多いクリニャンクールやヴァンヴの蚤の市が有名ですが、他に個人が趣味で集めたものや、どこかの屋敷から見つけてきた雑貨を売る小さなマルシェも開かれます。

　仕事用の花器やディスプレー用の雑貨を求めてマルシェを巡るのがムッシューフランソワの楽しみのひとつ。仕事の合間をぬって、パリ市内の蚤の市へ足を運びます。ヴァカンスに出かけるときも、訪れる村のマルシェ・オ・ピュスをかならずチェック。まだ夜が明けきらないうちにホテルを出て、お目当てのマルシェへと向かいます。そして、趣味が高じてブロカントの店まで開いてしまいました（残念ながら現在は休業中）。パリ市内はもちろん、フランス全土でこうした大小のマルシェ・オ・ピュスが開催されています。多くは週末に市が立ちます。掘り出し物を見つけるコツは、ムッシューのように朝一番に出かけていくこと。でも、マルシェ・オ・ピュスは場所によっては、飲み物や食べ物も売られていて、ただ見て回るだけでも十分楽しめます。ほしいものを見つけたら、パリジャン、パリジェンヌ気分で、値段交渉してみるのも旅のいい思い出になりそうです。

フランス：マルシェ・オ・ピュス検索サイト
https://vide-greniers.org/
http://brocabrac.fr/

Chapitre 3

ジョルジュ・フランソワとパリ

ジョルジュ・フランソワゆかりのパリと、ムッシューの仕事場、
そして観光客は目にすることのないプライベートなシーンなどを作品とともに紹介します。
Présentation de Paris et son métier

本書でのコンポジションとはブーケ、アレンジメントを含めたフラワーアレンジの作品全般を表現する言葉として用いています。
掲載した情報は2018年3月のものです。住所や電話番号、営業時間や定休日などの情報は、本の発行後に予告なく変更される場合があります。

パリは芸術の都
ひらめきを与えてくれる街

路地の風景にさえ心奪われるパリ。
歩いているだけで五感が刺激されます。
パリの下町生まれのムッシューフランソワは、生粋のパリジャン。
終戦後の混乱と復興が渦巻くパリで、幼少期を過ごしました。
美しい街並み、緑のある公園、パリジャン、パリジェンヌ集うカフェ、
美術館、ギャラリー、古い建物と数えきれないほどの刺激に溢れ、
訪れる人を魅了してやまない都市です。
作品とともに、ムッシューが愛着のある
パリの街角を紹介しつつ、その発想の源を探ります。

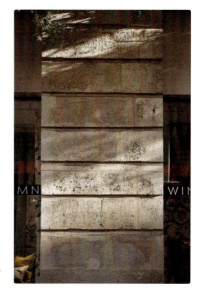

Au coin de

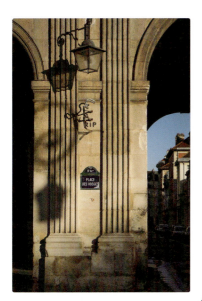
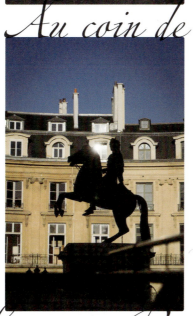

la rue à Paris

バロックな光と影

Ombres et lumières baroques

古い絵画の中の赤と黒のブーケ

まるで古い絵を鑑賞しているような気持ちにさせてしまう、クラシカルなブーケ。
赤と黒のコントラストが美しい。

Musée

古い絵画のように、花の絵の具で描く美の世界

　パリには50以上の美術館があり、ファッションや歴史などそのジャンルは多岐にわたっています。気軽に一流のものに触れることができるのは、さすが芸術の都パリです。訪れた美術館の一枚の絵。肖像画の中のパリジェンヌの凛とした美しさを赤と黒の色で表現しました。ラナンキュラスの花びらが幾重にも重なる部分は、絵の具の筆で描かれているように繊細です。

Choix des fleurs

花材

ラナンキュラス …… 20本
グレープアイビー …… 10本
ツバキ …… 1本

Clef de l'inspiration

花材選びのヒント

　花の種類の少ないシンプルなブーケです。赤と黒の色彩、薄いラナンキュラスの花びら、グレープアイビーの実とツバキの葉の堅い質感、どちらも対照的な組み合わせです。色、質感のコントラストを付けた花材を選ぶことで、明暗が強調されています。

Clef de la composition

制作のヒント

　まず、ラナンキュラスをブーケ・ロンの手法で束ねます。上からグレープアイビーを5本挿し入れます。ブーケの周り3か所に残りのグレープアイビーを入れます。最後に短くカットしたツバキの枝をその周囲に入れて完成です。

春を待つ、ヒアシンス
Jacinthes attendant le printemps

アンティークの砂糖壺にかわいいヒアシンス

長いパリの冬も終わり。
赤ちゃんのような小さなヒアシンスの蕾が膨らみました。
しっとりとした優しい気持ちが溢れます。

何より大切にしたい、花の自然な姿

　パリジャン、パリジェンヌは日に当たるのが大好き。春ともなれば、公園のベンチは読書をする人やランチをとる人などでいっぱいになります。パリ市内には大きな公園がいくつかあります。その中でもムッシューフランソワのお気に入りはバガテル公園（P.77）。ブローニュの森の一角にあるバラ園で有名な公園です。公園を散歩して感じる、自然の植物たちの営み。ムッシューはそれを常に意識して作品を作ります。バラも、ローズジャルダンと呼ばれるガーデンローズの品種を好んで使います。花は命のあるもの。ムッシューが常に大切にしていることです。

Choix des fleurs

花材（左から）

ヒアシンス
　　白 …… 3本
　　ブルー …… 6本
　　ピンク …… 6本

Vase

花器

砂糖壺
コンポート

Clef de la composition

制作のヒント

　パリの冬は長い。パリジャン、パリジェンヌにとって、春は待ち遠しい季節です。まだまだ凍てつく朝、ランジス市場から入荷したヒアシンスには堅い蕾が茎に隠れるようについていました。この赤ちゃんのような蕾を大切に咲かせて、小さな砂糖壺へ。寒い部屋にヒアシンスが暖かさを運ぶような色合わせです。

Jacinthes attendant le printemps

サロン・ド・テの
ローズコンポジション
Composition de roses pour salon de thé

手作りのガトーとバラの花

エッフェル塔の近くにあるかわいいサロン・ド・テ「レ・ドゥ・ザベイユ」は、
ムッシューフランソワの昔からのお客様。
今日の注文はバラの花。花瓶いっぱいのバラを飾りました。

素敵な
インテリアに合わせて

　ジョルジュ・フランソワのブティックの顧客にはセンスの良い方が多く、花にはうるさい。今日はランジス市場から届いたばかりのとびきりのバラをセレクト。レ・ドゥ・ザベイユ（P.79）の、花柄の壁紙によく映えます。

Choix des fleurs
花材

バラ 'ヴィクトリアンクラッシック' …… 10本
バラ 'ブライダルレース' …… 20本
バラ 'ホットピンクレース' …… 6本
スプレーバラ 'サマーダンス' …… 10本
バラの実 …… 10本

Clef de l'inspiration
花材選びのヒント

　一種類の花材を使う場合は、花、蕾、実など、状態の異なる花材を選ぶか、同じ花の中で種類を違えて何種か選ぶと、変化を出しやすく単調な仕上がりになりません。この作品では、4種類のバラの花とバラの実が使われています。

Vase
花器

ブロカントの水差し

Palette des couleurs
カラーチャート

　複数の種類のバラを交ぜることで、ベビーピンクから赤のグラデーションになっています。

Clef de la composition
制作のヒント

　まずブーケ・ロンの手法で、バラのブーケを作ります。花瓶にセットした後、ブーケの下のほうにバラのホットピンクレースなどを直接入れ、全体のフォルムを整えます。最後に、バラの実を入れて完成。

ムッシューフランソワと巡るパリ
Balade dans Paris avec monsieur François

過ぎ去ったパリを辿る

ムッシューが案内する、取っておきの場所。町の喧騒から逃れて、静かなパリを味わいます。
どこもパリジャン・パリジェンヌが日常に訪れるところです。
観光地ではない素顔のパリを楽しんでください。

Place des Vosges
ヴォージュ広場

17世紀の建物に囲まれた広場。

建物は、当時貴族が多く住んでいた館で、1階が回廊になり、現在はおしゃれなカフェやギャラリーが入っています。ムッシューフランソワの友人で、顧客のパコーさんのレストランはこのヴォージュ広場にあり、ムッシューは花の配達でよく訪れます（P.104）。

Place des Vosges
Place des Vosges 75004 Paris
メトロ1号線：Saint-Paul／1・5・8号線：Bastille／8号線：Chemin Vert

Basilique Notre-Dame-des-Victoires
ノートルダム・デ・ヴィクトワール教会

観光化されていない小さな教会です。しかし、教会の内部は荘厳で、大きな絵画が飾られ、訪れる人を圧倒します。近くにはルイ14世の騎馬像が立つヴィクトワール広場などがあり、パリらしい界隈です。

Basilique Notre-Dame-des-Victoires
Place des Petits-Pères 75002 Paris
メトロ3号線：Bourse

バラの季節に訪れたい伝統ある公園

パリのバラの季節は5月半ばから。そのころバガテル公園はバラの香りに溢れます。
バガテルはとても広い公園です。訪れる際は時間に余裕を持って。

Parc de Bagatelle

バガテル公園

　ムッシューフランソワが薦めるパリは自然豊かな森の中にありました。パリの西16区、ブローニュの森にあるバガテル公園。100年の歴史があり、印象派の絵画を思わせるような景色が広がります。園内にあるバラ園は約1,200種10,000株のバラが植えられ、季節には見事な花を咲かせます。広い園内にはクジャクなどの野生の動物も生息し、パリにいるのを忘れてしまいます。バガテル公園のあるブローニュの森には、カフェやレストランもあり、一日、楽しむことができます。ぜひ、晴れた日にお出かけください。

Parc de Bagatelle
Bois de Boulogne 75016 Paris
バス43番：Place de Bagatelle
フランスの祝日と復活祭、聖霊降臨祭を除く毎日
入場料2.5ユーロ

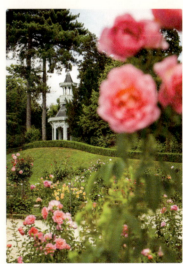

サンジェルマンのお気に入りのカフェ

サンジェルマン大通りに面したカフェ・ド・フロール。
モンパルナスの仕事場からちょっと足を延ばして、カフェを一杯。

Café de Flore

カフェ・ド・フロール

　ムッシューフランソワがはじめて自分の店を持ったのもサンジェルマン地区。そのころから変わらずある老舗カフェ、カフェ・ド・フロール。その時代の知識人や芸術家たちが集った社交場のような歴史ある場所です。現在でも、このカフェでくつろぐ人たちはファッショナブルでシック。ここへ来れば、パリのモードの流行がわかると言われるほど。ただのカフェというより、パリを感じられる所と言った方が良さそうです。

Café de Flore
172 Boulevard Saint-Germain 75006 Paris　Tel. +33 (0)1 45 48 55 26
メトロ4号線：Saint-Germain-des-Prés

ムッシューフランソワとカフェ

　カフェ・ド・フロールの大通りに面したテラス席はいつも人でいっぱいですが、ムッシューのお気に入りは落ち着いた1階の店内の席。注文するのはいつもカフェ・ノアゼット。エスプレッソに少しだけミルクを加えたもの。
　パリのカフェはコーヒーだけではなく、店の雰囲気やギャルソンと呼ばれるサービスをする人たちの立ち振る舞いも大切。ムッシューは黒い制服に長いタブリエ（エプロン）をしたギャルソンのいるカフェを選ぶそうです。仕事中も何度も近所のカフェへ。カウンターで立ったまま、カフェ・ノアゼットを1杯。これで、気分が変わり、また、仕事に戻っていきます。

ムッシューフランソワと巡るパリ

2匹の蜂　レ・ドゥ・ザベイユ

パリのシンボル、エッフェル塔。その近くにあるサロン・ド・テ。
マダム手作りのガトーと美味しい紅茶が自慢です。

Les Deux Abeilles

レ・ドゥ・ザベイユ

　ムッシューフランソワが撮影場所に指定したのは、緑のテントの素敵なサロン・ド・テ。年配のマダムとその娘さん、そして孫と3代にわたる家族経営。花柄の壁がかわいい店内へ。手作りのガトーがいつも10種類以上はテーブルに並びます。マダム、娘さん、お孫さん、それぞれ得意なガトーを毎日作るそうです。紅茶はパリの老舗「ダマンフレール」のもの。実はこのサロン・ド・テはムッシューの昔からのお得意様。マダム曰く、ムッシューの花が店の雰囲気を作るとか。この日、訪れたのはちょうど午後のティータイム。この界隈のリュクスなマダムから、エッフェル塔の観光帰りの家族連れまで、店内は満席。にもかかわらず、撮影用の紅茶やガトーを用意してくださり、写真撮りは無事終了。後で、マダムに店名の2匹の蜂の意味を尋ねると、「私と娘の事、働き蜂2匹なの」まさに、その通り。温かで本当に心惹かれるお店でした。

Les Deux Abeilles
189, rue de l'Université 75007 Paris
メトロ9号線：Alma-Marceau
Tel. +33 (0)1 45 55 64 04　　営業時間：9:00～19:00　　定休日：日曜・祝日
※ランチはセットメニューやサラダがあり、食事も可能。

Balade dans Paris avec monsieur François

季節の花と巡る四季
ブティックの一年

洋の東西を問わず、フローリストの仕事は忙しい。
注文が入れば、ムッシューフランソワは花を抱えて顧客の元へと急ぎます。
季節の花に追いかけられるようにして一年が過ぎていきます。
しかしその反面、自然を直に感じる毎日は喜びも多い仕事です。
春夏秋冬、あらゆる季節の色に彩られるブティックの一年を、
ムッシューフランソワの作品とともに紹介します。

Fleurs des 4 saisons quatre

Quatre saisons dans la boutique

春の到来を告げる花、ヴィオレット

Les violettes qui annoncent l'arrivée du printemps

スミレのボックスフラワー

ヴィオレットはフランス語でスミレのこと。
春の香りを小さなボックスに詰めて。

花材 — Choix des fleurs

スミレ …… 10束
クリスマスローズ …… 3本

制作のヒント — Clef de la composition

　スミレは葉といっしょに小さな花束になって市場から入ってきます。あらかじめ花束にするのは、繊細なスミレの花を傷つけないため。スミレ独特の出荷方法です。スミレの束を花と葉に分け、花だけで器の大きさに合わせブーケを作ります。最後にポイントのクリスマスローズを入れて、スミレの葉を周りにあしらい、紐で縛って完成です。ボックスの中に水を入れるための器をセットして、出来上がった花束をその中に入れます。

花器 — Vase

　トゥールーズのヴィオレット配送用のブロカントのボックス。ふたにメッセージを書いて、直接切手を貼って送ることができるようになっていました。木の箱の表面に紙を貼ってあります。

フランスに伝わるヴィオレットを贈る習慣

　どこの国でも、春の到来は待ち遠しいもの。ヴィオレット、すなわちスミレの花贈りも春の到来を祝福する古くからの行事です。フランス南部の中心都市トゥールーズが発祥と言われています。19世紀中ごろ、トゥールーズでは、スミレの花の栽培が盛んになり、大量にロンドンやウィーンに配送されていたそうです。今でもトゥールーズではスミレの生産は盛んで、3月には「ヴィオレットの祭り」があり、スミレの香水やお菓子の特産品が作られています。

部屋を彩る春の花
Les fleurs du printemps qui illuminant la pièce

黄色のコンポジション
「春らしい花を」という注文にムッシューフランソワは黄色い花を選びました。部屋に飾ると周囲が明るくなるコンポジションです。

花材 *Choix des fleurs*

- ラッパスイセン …… 10本
- スイセン …… 3本
- アネモネ …… 5本
- ラナンキュラス（八重）…… 10本
- ラナンキュラス（一重）…… 10本
- クリスマスローズ …… 10本
- タラスピ オファリム（ナズナ）…… 10本
- コワニー …… 10本

花材選びのヒント *Clef de l'inspiration*

　白からグリーン、黄色、オレンジのグラデーションの花選びです。

　黄色は特に春らしい色合いと言えます。複色（ひとつに花の中に複数の色が入る）の花が使われ、優しい色の変化を見せる仕上がりになっています。花の中心や茎もグリーンの花材が選ばれて、明るい色合わせです。タラスピ オファリムと一重でオレンジのラナンキュラスがきれいなラインを作り、作品に変化を与えています。

カラーチャート *Palette des couleurs*

　白からグリーン、オレンジまでのとてもきれいなグラデーションです。黄色、オレンジの色合いは春らしい雰囲気を演出します。

制作のヒント *Clef de la composition*

　ブーケ・ロンの手法で、花材を束ねていきます。半分くらいの花材を束ねたら、全体の仕上がりを確認します。必要に応じて、花を上から挿し入れて、花の位置を整えます。ラッパスイセン、一重のラナンキュラスを入れ、最後にタラスピ オファリムとクリスマスローズを周りにあしらいます。ブーケの裾を広げるように、タラスピ オファリムを長めに入れることで、全体のフォルムに安定感が出ます。

Les fleurs du printemps qui illuminant la pièce

パリの風物詩、
5月1日はミュゲの日

Le premier jour mai, c'est la fête du muguet

スズランをたっぷり使ったコンポジション

ミュゲとはスズランのこと。
5月1日はパリ中がスズランでいっぱいになる、素敵な日です。

花材

- スズラン …… 50本
- パンジー …… 10本
- バラ …… 3本
- シャクヤク …… 3本
- ムスカリ …… 10本
- ワスレナグサ …… 10本
- コリアンダー …… 10本

花材選びのヒント

　ミックスカラーのグルーピングのコンポジションです。
　作品の中心に濃いエンジのパンジーを使い、1輪では弱いパンジーをまとめることで、メインの花としています。黄、青、エンジ、ピンクと異なる色を、違和感なくまとめているのはスズランとコリアンダーの細かな白い花です。たっぷりとスズランを使った贅沢なコンポジションです。

カラーチャート

繋ぎの色がない、カラフルなミックスカラーの色合わせです。

制作のヒント

　パンジー、シャクヤク、バラをそれぞれ輪ゴムで留め、花器に入れます。同様に、後ろ側にワスレナグサ、ムスカリを入れます。間にスズランを入れて、丸い形に整えます。作品の右側と手前にコリアンダーを入れ、最後にスズランの葉をあしらいます。グルーピングのコンポジションの場合、あらかじめ花材をそれぞれの束にしておくと、ひとつの花材のボリュームを把握することができます。さらにこの作品のように花器の口が広く、高さの低い器では、束にすることで花留めなしで花を固定することができます。

Fête du muguet

スズランの日

　5月1日は「スズランの日」。フランスでは、幸福を願って親しい人にスズランを贈る日です。
　この習慣は19世紀末から続く、フランス人にとって大切なイベント。フローリストだけではなく、パリの至る所でスズラン売りのスタンドが出て、「ポルトボヌール（幸せのお守り）！」と声をかけて、小さなスズランの花束を売っています。この時期になると店のショーウインドーもスズランのディスプレーが多くなり、パリの街中がこの祝日を祝います。もちろん、ジョルジュ・フランソワのブティックでも、スズランの花束を販売します。
　ムッシューはスズランが大好き。幼いころのスズラン売りの情景を思い出し、とても懐かしい気持ちになるそうです。

フランスの
古いティーセットにいける
Fleurs dans un ancien service à thé

器を活かして

ブロカントで見つけたティーセット、絵柄に合わせてスズランを。
何気なく、シンプルに、花と器がひとつになるように。

Choix des fleurs

花材

シャクヤク …… 1本
スズラン …… 20本
タラスピ オファリム（ナズナ）…… 5本

Clef de l'inspiration

花材選びのヒント

　器に絵柄が細かく入っていますので、それに合わせる花はシンプルな花材を選びます。小花を選ぶという選択肢もありますが、シルクのような花びらの大きなシャクヤクを1輪選んだのは、ムッシューフランソワならでは。とてもドラマティックな構成です。スズランとタラスピ オファリムがナチュラル感を添えて、ノスタルジックな優しい仕上がりになっています。

Palette des couleurs

カラーチャート

　サブ花材のスズランなどが白からグリーンのグラデーションになり、メイン花材のアプリコットオレンジを引き立たせています。

Clef de la composition

制作のヒント

　まず、下準備として、スズランを約5本ずつ保水用キャップにセットしておきます。シャクヤクをティーポット手前に傾けるように挿します。後ろにまとめてタラスピ オファリムを入れます。保水用キャップにセットしたスズランをシャクヤクの後ろに入れ、最後にスズランの葉を高低差を付けて、左右両方向に流れるように挿し入れます。

Fleurs dans un ancien service à thé

Printemps 春

ムッシューフランソワのアパルトマン

L'appartement de monsieur François

古いものに囲まれて

プライベートもシック。ヴィンテージのようなムッシューの住まいへとご案内しましょう。

時間の流れが止まったような穏やかな空間

　夢のようなアパルトマン。小さな雑貨ひとつひとつがかわいく、つい手に取りたくなってしまうものばかり。「お茶をどうぞ」とパートナーのトモコさんが温かい紅茶を淹れてくれました。古い花柄のかわいいティーセット。「1920年代のものだと思います」大切にしているものだからといって飾るだけでなく、普通に毎日使っているとか。「アール・ド・ヴィーヴル」、フランス人の美意識を感じます。日常に上質のものを使う。好きなものには妥協はしない。他人には左右されない。まさに私たちがお手本にしたいライフスタイルです。ムッシューフランソワはよく「エレガント」という言葉を使います。フランス人にとっての「エレガント」とは、華美にならず、上品で洗練されていること。「エレガント」な美意識を持つ秘訣は、こうした日常にあるのかもしれません。

6月のブーケ・ド・マリエ

Bouquet de la mariée en juin

清楚でナチュラルな白のブーケ

幸せになるという6月の花嫁に。
純白のドレスに映える、グリーンと白の花合わせ。

Choix des fleurs

花材

イングリッシュ・ローズ …… 5本
バラ'アバランチェ' …… 10本
カスミソウ …… 1本
フリージア …… 20本
ホワイトレースフラワー …… 5本
ユーカリ …… 5本
グラミネ …… 10本

Clef de l'inspiration

花材選びのヒント

　ブライダル用のブーケ・ド・マリエです。
　白のドレスに映えるようにグリーンのアクセントを効かせています。イングリッシュ・ローズのアイボリーがブーケをロマンティックな印象にしています。グラミネやユーカリのナチュラルな花材がガーデン・パーティーの雰囲気を盛り上げます。花嫁がブーケを手にする瞬間を想い、香りのあるフリージアやバラを選んでいます。ムッシューフランソワの優しい心使いです。

Palette des couleurs

カラーチャート

　同じ白に見えますが、カラーチャートにするとアイボリーから純白へのわずかなグラデーションがわかります。

Clef de la composition

制作のヒント

　花材を束ねたナチュラルステムのブーケ。ナチュラルステムブーケを制作するときは下準備が重要です。完成したときにステムが見えますので、すべての花材の下側の部分の葉をきれいに取り除きます。特にユーカリは長さをブーケの丈に合わせて切り揃え、下側の葉はきれいに取り除いておきます。ブーケ・ド・マリエはそれぞれの花の位置が非常に重要ですので、束ねるときは小まめに上から確認するようにしましょう。カスミソウとホワイトレースフラワーはふわっと長めに入れず、他の花と同じ長さにして、ぐっと固めて束ねます。

Bouquet de la mariée en juin

Début de l'été
初夏

マリアージュのための デコレーション

Décoration pour un mariage

格式を感じるトラディショナルなコンポジション

鳥かごのオブジェにデコレーションされたブライダルアレンジ。
ため息がでる美しさです。

Choix des fleurs

花材

バラ'アバランチェ' …… 20本
ダリア …… 15本
スプレーカーネーション …… 10本
カスミソウ …… 8本

Clef de la composition

制作のヒント

　リース用の糸巻きワイヤーで花材をガーランド状に巻いていきます。バラやスプレーカーネーションなど数本をカスミソウと合わせて束にして、ワイヤーで巻きます。その上に同じように束にした花材を載せて、さらにワイヤーで巻きます。この作業を繰り返します。花材を巻き付けるとき、花材をしっかりワイヤーで巻かないと緩んできてガーランドが崩れることがあります。出来上がったガーランドを鳥かごのオブジェにワイヤーで取り付けます。

Clef de l'inspiration

花材選びのヒント

　ウエディングらしい花合わせです。あえて、グリーンを使わずに仕上げています。白だけの取り合わせは、ロマンティックで柔らかいイメージになります。カスミソウはまとめれば、他の花材の繋ぎになりますし、長めに入れれば、空気感が出て優しい雰囲気作りに役立ちます。

フランスのマリアージュ

　フランスでは、結婚式は区役所や市役所で行われます。役所には結婚式を執り行う専用の部屋があります。その後、教会で宗教的な式を挙げ、パーティー会場へ移動します。多くは野外でのカクテルパーティーから始まり、室内のディナーパーティーへと移行します。パーティーは日付が変わるまで行われ、最後は子供も大人もダンスをして楽しみます。翌日もブランチをともに囲み、フランスの結婚のパーティーは2日間に及びます。

Décoration pour un mariage

Début de l'été 初夏

マリアージュの花のおもてなし

Composition pour la cérémonie de mariage

テーブルデコレーションはミニブーケで

白に少し違う色を入れるのがジョルジュ・フランソワ流。
テーブルにミニブーケをたくさん並べて、華やかに。

Choix des fleurs

花材（ブーケ1つ分）

バラ'スイートアバランチェ' …… 2本
バラ'アバランチェ' …… 3本
アジサイ …… 1本
アルケミラ・モリス …… 3本
ホワイトレースフラワー …… 1本
カスミソウ …… 1枝
ピットスポラム …… 1本

Clef de l'inspiration

花材選びのヒント

　ジョルジュ・フランソワのブティックでは、マリアージュの注文は白をベースにベビーピンクやベージュの花を少し合わせます。今回はバラのスイートアバランチェを使いました。アルケミラ・モリスのミントグリーンが初夏のさわやかさを演出しています。添えるグリーンも濃い色ではなく、グレーグリーンのピットスポラムを選択しました。

Palette des couleurs

カラーチャート

白とミントグリーンとベビーピンクの取り合わせがきれいです。

Clef de la composition

制作のヒント

　小さめのブーケなので、下準備の段階で、花材を短めに切り分けておきます。バラを3〜4本手に持つところから始め、ブーケ・ロンの手法で組んでいきます。バラの間に切り分けたアジサイを挟み、丸く仕上げます。アルケミラ・モリスとホワイトレースフラワーを上から挿し入れて、ブーケのアクセントにします。最後にピットスポラムを周りにあしらい完成です。ブーケの花器になるグラスの高さに合わせて茎を切ります。

Composition pour la cérémonie de mariage

Début de l'été 初夏

カンパーニュの夏を彩るブーケ
Bouquet d'été à la campagne

夏の花のブーケ・ロン
夏の花をふんだんに使ったブーケ・ロン。
ロマンティックなカラーに魅せられます。

花材

シャクヤク …… 3本
ダリア …… 6本
スカビオサ …… 15本
カーネーション …… 3本
アジサイ …… 1本
スプレーバラ …… 5本
バラ …… 3本
ブプレウルム …… 10本
ホワイトレースフラワー …… 10本
ウイキョウ …… 5本

花材選びのヒント

　薄いピンクから濃いエンジまで、幅広いグラデーションの色合わせです。ブーケの周りにあしらうコルレットの花材はホワイトレースフラワー、ウイキョウ、ブプレウルムです。ピンクを引き立てるための色として、ウイキョウ、ブプレウルムの黄色の花材を組み合わせるのがジョルジュ・フランソワ流。白と黄色の花材を交ぜて使うことによって、作品全体に色の深みが加わります。

カラーチャート

　薄いピンクからアプリコットピンク、濃いエンジまでのきれいなグラデーションになっています。コルレットの花材も、白、グリーン、黄色の3色のグラデーションです。

制作のヒント

　ブーケ・ロンの手法で、束ねていきます。まず、アジサイとスカビオサ5本を中心にして、組んでいきます。アジサイの中にスカビオサを入れ込むようにします。次にダリア、スプレーバラを入れていきます。その周りにシャクヤク、カーネーション、バラを入れます。丸いブーケが出来上がってきたら、ホワイトレースフラワー、ウイキョウを上から挿し入れます。最後にブーケの周りにもそれらの花材をあしらいます。ナチュラルな花材なので、野にあるようにふわっとさせます。

ジョルジュ・フランソワのレッスン
Leçons de monsieur François

カンパーニュの
サロンレッスン

　今日はパリを抜け出して、スタッフ総出で、田園風景が広がる一軒家のサロンに向かいます。日本から訪仏した、フラワーデザイン・スクールのグループレッスンです。まずはムッシューフランソワのデモンストレーション。細かなところまで、エスプリの効いたトークで説明してくれます。緊張した雰囲気で始まったレッスンも、時間が経つにつれてリラックスムードに。気軽に質問が飛んで、和気あいあい。みなさんに笑顔がこぼれます。

レッスンテーマは
ブーケ・ロン

　ムッシューフランソワのレッスンの方針は、溢れるほど花材を使うこと。花材が配られると、抱えきれないくらいの花材の多さに歓声があがります。レッスンが始まると、みな、黙々とブーケ・ロンを作り始めます。テーブルの間をムッシューやスタッフが回り、丁寧にアドバイスをしていきます。みなさん、真剣そのもの。充実したレッスンもそろそろ終了です。出来上がった作品を窓辺に飾ります。これだけの花が並ぶと圧巻です。みなさん、お疲れさまでした。

レッスンの問合せ：Georges François Fleurs
Tel. +33 (0)1 43 20 52 34　（日本語可）
Fax. +33 (0)1 43 20 53 95
https://georges-francois.fr/

※ジョルジュ・フランソワのブティックでのプライベートレッスンの他、人数、テーマにより様々な内容のレッスンをコーディネートすることができます。

レッスン場所は
マリアージュのためのサロン

　パリから車で約1時間、小さな村ラアンヴィーユ・アン・ヴェクサン。ここにレッスンを行ったサロン、「レ・ボンヌ・ジョワ」があります。

　このサロンはムッシューフランソワの長女、ジェラルディンヌ・デシャンさんのマリアージュのサロン兼プティホテル。週末、ここで手作りの結婚パーティーが開かれます。この日も打ち合わせにきたカップルがいました。ジェラルディンヌさんもパリのフローリスト。結婚パーティーの花装飾から、料理までこなしてしまいます。ムッシュー同様、花のセンスも料理の腕もすばらしい！　ホテルは全5部屋。各部屋素敵なインテリアでまとめられています。

レ・ボンヌ・ジョワ
Les Bonnes Joies
Chemain des Chayets
78440 Lainville-en-Vexin
Tel. +33 (0)6 12 72 48 10
http://lesbonnesjoies.fr/

ジョルジュ・フランソワのレッスン

ムッシューフランソワの家族

　パリ、フローリストのレジェンド、ジョルジュ・フランソワ。長きにわたり第一線で活躍できるのも、周りの支えがあってこそ。

　ムッシューのお兄さん、ジェラール・フランソワさんはランジス市場で生花の仲卸、植木の仲卸、そして資材の仲卸と3社を経営しています。今は現場に立つことはありませんが、経営面でバリバリ働いています。ランジスの店はジェラールさんの息子さんが取り仕切っています。ムッシューはランジスに行けば、この店に必ず立ち寄り声をかけています。ムッシューの長女、ジェラルディンヌさんもフローリスト。かわいい孫娘はときどきブティックへ手伝いにやってきます。そして、ブティックでムッシューを支えているのは、共同経営者のトモコさん（写真右）。仕入れから、接客、スタッフ管理と目の回るような忙しさです。

　ムッシューフランソワはフローリストとして、本当に恵まれています。しかし、それ以上に花の仕事に対する愛情があったからこそ、今のムッシューがあるのだと思います。フランス語で、情熱のことを「パッション」といいます。まさにジョルジュ・フランソワは花へのパッションの塊といえるパリのフローリストです。

琥珀色に輝く、
静寂のコンポジション

Composition rayonnant des teintes ambrées

ヴォージュ広場のレストランへ生け込み

レストラン「ランブロワジー」へ。
古いタペストリーの前に置かれたコンポジション。静物画を見るようです。

Choix des fleurs

花材

シャクヤク …… 4本
ラナンキュラス …… 3本
アネモネ …… 10本
スプレーバラ 'ジュリエッタ' …… 5本
ユリ …… 5本
ビバーナム・スノーボール …… 3本
フウセントウワタ …… 2本

Clef de l'inspiration

花材選びのヒント

　メイン花材はシャクヤクと大きめのラナンキュラス。どちらも、光を受けた部分は輝き、花びらがまだ閉じている部分は影を作って、一輪の花の中に繊細な陰影を作っています。
　メイン花材の美しさが作品の要になっています。優しい色でまとめず、赤いアネモネをポイントに入れます。周りにあしらったフウセントウワタの葉とビバーナム・スノーボールがすばらしい存在感です。

Palette des couleurs

カラーチャート

　カラーチャートの中間部分が優しいグラデーションになっています。両脇の赤とグリーンがポイントカラーです。

Clef de la composition

制作のヒント

　アンティークのパニエ（かご）の中に吸水性スポンジをセットした器を置きます。まず、シャクヤクとラナンキュラス、フウセントウワタを入れますが、高低差を付けて、立体感を出します。ユリとスプレーバラのジュリエッタを左右に挿します。赤のアネモネをポイントに入れ、ビバーナム・スノーボールを後ろにあしらいます。最後に、フウセントウワタの葉で動きを出して、完成です。

L'Ambroisie

ランブロワジー

1988年よりミシュランの3つ星を獲得するパリを代表するレストラン。

9 Place des Vosges 75004 Paris
Tel. +33 (0)1 42 78 51 45
メトロ1号線：Saint-Paul 徒歩5分／
1・5・8号線：Bastille 徒歩7分／
8号線：Chemin Vert 徒歩6分
定休日：日曜日、月曜日

Composition rayonnant des teintes ambrées

Automne 秋

輝くシャンデリアの下、
ソワレのためのコンポジション

Composition pour une soirée sous un lustre illuminé

「ランブロワジー」のクラシカルなインテリアに合わせて。
豪華だけれど、決して華美ではない、上品なデコレーション。
花がおもてなしの心を表現します。

Choix des fleurs

花材

アジサイ（グリーン）…… 3本
アジサイ（ベビーピンク）…… 3本
ナデシコ …… 10本
シャクヤク …… 3本
ビバーナム・スノーボール …… 10本
キク …… 10本
スプレーバラ 'ジュリエッタ' …… 8本
ユリ（エンジ）…… 5本
ユリ（白）…… 1本
デルフィニウム …… 3本
ボケ …… 5本
チューリップ …… 5本
スカビオサ …… 6本

Palette des couleurs

カラーチャート

色の調子を抑えた花材と強い色の花材をバランスよく選ぶことが大切です。

Clef de la composition

制作のヒント

花器に直接花材を挿していきます。まず、アジサイとシャクヤク、スカビオサを挿し、全体のイメージをつかみます。アジサイの間にナデシコを入れます。長めにスプレーバラのジュリエッタとユリを入れて、立体感を出します。後ろ側にボケ、キクを挿し、左側にデルフィニウムを挿します。チューリップとビバーナム・スノーボールを入れて、完成です。

Clef de l'inspiration

花材選びのヒント

装飾された広い店内に飾るコンポジションは、存在感がありながら、目立ちすぎず、インテリアと調和しなければなりません。そのため、ポイントに強い色を入れたミックスカラーの花材が選ばれています。キクの個性的な花形とデルフィニウムの青、シャクヤクのエンジ色が作品のスパイスになっています。

Composition pour une soirée sous un lustre illuminé

Automne 秋

パリのスターシェフ、ベルナール・パコーとジョルジュ・フランソワ

Le chef étoilé Bernard Pacaud et Georges François

ムッシューフランソワの才能とセンスを認めた
パコー氏との理想的な関係。

　ランジス市場の帰り、ムッシューフランソワはパコーさんのレストランにそのまま立ち寄ります。ムッシューのアドバイスを受けながら、トラックから直接、花選びが始まります。アート感覚に優れたパコーさん、ムッシューの花あしらいに魅せられて、とうとうご自分でレストランの花装飾をやりたくなってしまいました。その気持ちをムッシューがアシスト。こうして市場の帰りに寄り、パコーさんに好きな花を選んでもらい、その場で必要な知識を伝授しています。なんて素敵な友情、ムッシューの優しさが伝わるエピソードです。

偉大なシェフと
大御所フローリスト

　1988年から、ミシュランの3つ星を獲得し続けているレストラン「ランブロワジー」のシェフ・パトロン、ベルナール・パコーさん。「ランブロワジー」はパリで最も美しい3つ星と称されるすばらしいレストラン。ムッシューフランソワとパコーさんのお付き合いは30年以上になります。レストランがヴォージュ広場に移る前、まだ5区のセーヌ川河畔にあったころからだそうです。そのころ、食事に訪れたムッシューとパコーさんは花の話で盛り上がり、それがきっかけでパコーさんのレストランの花装飾をムッシューがするようになりました。パコーさんの料理は「古典と現代を組み合わせた料理」「季節にあった最高の素材を使う料理」などと言われていますが、料理をコンポジション、ブーケに置き換えれば、まさにムッシューフランソワと重なります。感性を同じくし、高みを目指す姿勢も同じ。互いに刺激し合い良い関係を長い間続けてきたふたり、まさに顧客とフローリストの理想的な関係と言えそうです。

雪の精が舞い降りる、ノエルの夜
Composition de Noël

白い花だけのシンプルなコンポジション

フランス語でクリスマスはノエル。
寒いパリのノエルをイメージした厳かな作品。
古い花器とクリスマスローズが静かな聖夜を表現しています。

花材

クリスマスローズ …… 40本
ベゴニア …… 10本

花材選びのヒント

　ムッシューフランソワの好きなクリスマスローズをふんだんに使ったシンプルな作品です。通常、メイン花材になりにくい、どちらかと言えば地味な花ですが、たくさん使うことでクリスマスローズの個性と作品イメージがイコールになっています。ベゴニアの葉が少ない花材の中で、アクセントや動きを作る重要な役割をしています。

花器

ブロカントのガラス器

制作のヒント

　はじめにブーケを作り、作ったブーケを花器に入れる方法で作ります。まず、クリスマスローズをブーケ・ロンの手法で束ねていきます。周りにベゴニアの花をあしらい、最後にベゴニアの葉を入れます。ベゴニアの葉は周りだけではなく、ブーケの中心側にも入れます。花器の下が細くなっているので、しっかりと茎を奥まで入れ込みます。

深緑のクリスマス・デコレーション
Décorations de Noël

妖精が棲む森のような、グリーンのコンポジション

常緑樹は「永遠の命」の象徴。
たっぷりと花瓶にいけて、ノエルのデコレーションに。

花材

- アジサイ …… 2本
- ユーカリ …… 10本
- ツバキ …… 2本
- コニファー …… 3本
- アスパラガス …… 5本
- ピスタキア …… 5本

花材選びのヒント

　ヨーロッパでは、常緑樹は長い冬の間でも緑の葉を保つことから、「永遠の命」の象徴として大切にされてきました。ノエルといえばモミの木やヒイラギですが、様々な常緑樹の枝ものやグリーンを合わせた花材は、緑の色合いが美しいこの季節ならではの組み合わせです。コンポジションがグリーン一色なので、暖炉の上の飾りはゴールドや赤で華やかにしました。

パリのノエル

　フランスではクリスマスイヴの夜は家族と過ごすのが一般的です。美味しいものをたくさん用意してノエルを迎えます。12月となれば、パリのマダムたちの話題は、イヴのディナーの献立の話で持ち切りです。ムッシューフランソワのブティックもノエルは大忙し。家族へのクリスマスプレゼントや手土産用の花を求める人たちでいっぱいになります。ポインセチアやクリスマスローズの鉢植えや生花のブーケがこの日はよく売れます。ムッシューのお勧めはバラやラナンキュラス、アネモネを中心としたかわいいブーケ。注文の花を受け取ると、どの人も笑顔がはじけます。

新年はヤドリギで

　フランスでは、新しい年を迎えるためにヤドリギを飾ります。リースのように玄関ドアに掛けたり、室内にデコレーションします。年末になると、フローリストや朝のマルシェなどでヤドリギを見かけるようになります。

真冬のティータイムアレンジ
Composition pour le thé en hiver

アンティークの花器に、白とパープルの花を

雪景色を思わせるような凛としたコンポジション。
めずらしいアンティークの花器を使っています。
古いクリスタルの曇ったガラスが冬のパリのようです。

Choix des fleurs

花材（左から）

スパニッシュモス …… 3本
クリスマスローズ …… 5本
シクラメン …… 40本
グレープアイビー …… 20本
アネモネ …… 7本
アイビー …… 2本

Vase

花器

ガラスの花器
ガラスのコンポート

Clef de l'inspiration

花材選びのヒント

　シクラメンとクリスマスローズの透明感のある質感が、冬の張り詰めた空気感を表現しています。寒色のパープルのアネモネを合わせて、さらに冷たいイメージを作り上げています。

　スパニッシュモスは花器の挿し口のメカニックを隠す役割です。グレープアイビーの実と葉を、素材の持ち味を活かして使い分けています。

Préparation

下準備 1

1. アイビーを保水用キャップにセットしておく。

Préparation

下準備 2

2. 花瓶敷きを作る。厚紙を丸く切り、バラバラにしたグレープアイビーの葉をペーパーの外側から、ステープラーで留める。

3. 葉と葉を重ねるようにする。中央まで留めたら、完成。

Savoir faire

作り方

4. アネモネは葉を取り除く。花器の穴の空いているところに、アネモネを入れる。

5. アネモネの茎は太めなので、一つの穴に1本のアネモネを入れる。

6. 中央のアネモネはやや高めにする。合計7本のアネモネを入れる。

7. クリスマスローズを挿す。クリスマスローズは茎が細いので、一つの穴に2本入れる。

8. すでにアネモネが挿してある穴3か所に、クリスマスローズを入れる。

9. 一番外側の穴にシクラメンを3本から5本ほどまとめて挿す。

10. 外側のすべての穴にシクラメンを入れる。

11. キャップに入れたアイビーを花の中に入れる。

12. アイビーの先をワイヤーで留めて、固定させる。

13. 花器の縁にスパニッシュモスをあしらう。

14. 花器の周りにきれいに収まるように、スパニッシュモスを整える。

15. 下段のコンポートの縁に、グレープアイビーの実を並べたら、完成。

Clef de la composition

制作のヒント

花器の穴の大きさに合わせて、一つの穴に入れる茎の本数を調整します。穴に対して茎の本数が足らないとグラグラして、花が固定できません。

ジョルジュ・フランソワの仕事場
La boutique de Georges François

パリの南、モンパルナスにあるブティック

このブティックは、1968年、パリ6区のビュッシー通りのそばで始めた店から数え、
ムッシューにとって4軒目のフローリストです。
目の行き届いた程よい広さで、多くの素敵なコンポジションがここで生み出されます。
奥の作業スペースでムッシューやスタッフは、いつも忙しそうに注文の花を作っています。

ジョルジュ・フランソワ・フルール

　モンパルナスにあるムッシューフランソワのブティック。この地区は、オフィスビルや映画館、ショッピングセンターなどが集中する地域。また、近くにはモンパルナス墓地もあり、ジョルジュ・フランソワ・フルールの客層は幅広い。

Georges François Fleurs
36/38 rue Delambre 75014
Tel. +33 (0)1 43 20 52 34　　Fax. +33 (0)1 43 20 53 95
メトロ6号線：Edgar-Quinet 徒歩1分／4号線：Vavin 徒歩4分／
4・12号線：Montparnasse-Bienvenue 徒歩5分
フランス国鉄：Gare Montparnasse 徒歩5分
年中無休
営業時間：月〜土9：00〜21：00　日・祝9：00〜20：00

花とブロカント

　狭い入り口の敷居をまたぐと、花の回廊のような店内へ。フランス・アンティークやブロカントの雑貨に囲まれ、ムッシューフランソワの世界が広がります。これらはムッシュー自ら、田舎のマルシェ・オ・ピュス（P.65）にまで足を延ばして、集めた雑貨ばかり。ディスプレー用の棚から、ミニブーケに似合うガラスのジャム瓶まで大小様々です。アンティークの照明から漏れる明かりが店内を照らし、古き良きパリの雰囲気が漂います。

　店内で販売されているジャムは、ムッシューの友人のマダムの手作り。絶品です。

花の仕入れはランジス市場へ

　ムッシュー自ら、パリ近郊のランジス市場へ仕入れに行きます。週に3回、早朝から出かけます。花材選びに一切妥協はありません。馴染みの仲卸を一軒一軒丁寧に回り、仕入れる花を吟味します。花の情報収集をしながら、広い場内を忙しそうに動き回ります。花が大好きなムッシュー、ついつい買い過ぎてしまうようです。

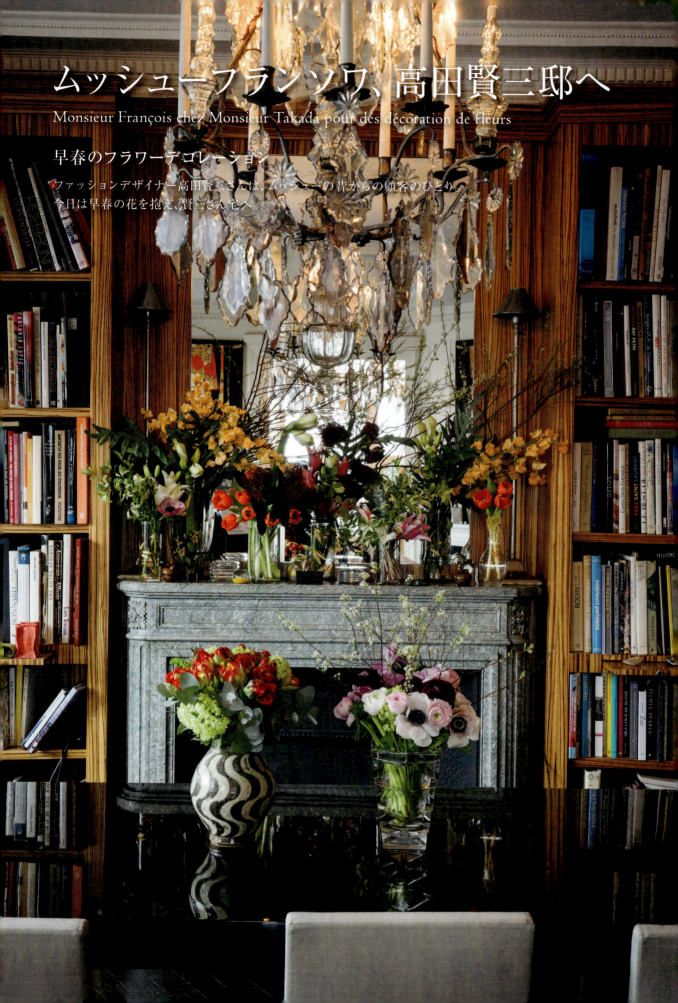

ムッシューフランソワ、高田賢三邸へ
Monsieur François chez Monsieur Takada pour des décoration de fleurs

早春のフラワーデコレーション

ファッションデザイナー高田賢三さんは、ムッシューの昔からの顧客のひとり。
今日は早春の花を抱え、賢三さん宅へ。

高田賢三さんとムッシューフランソワ

　高田賢三さんは世界各地からパリに戻ると、かならず自宅の花のデコレーションをムッシューに注文します。自宅にいる間は花を絶やすことはありません。
　そんな賢三さんの好みは異なる文化をうまく融和させること。自宅はオスマン様式のインテリアで、日本の屏風や壺などが所々に飾られ、すばらしい調和を見せています。ムッシューは日本の感性を感じとれる数少ないパリのフローリスト。大きな壺に花を投げ入れたり、枝ものを繊細に取り入れたりと、日本らしい花の使い方も得意です。賢三さんがムッシューに花のデコレーションを頼むのも、ジャパネスクな花使いをこなすスタイルが気に入っているからこそ。ムッシューもまた、賢三さんを通して、日本の感性を吸収しているのかもしれません。

サロン

　サロンは賢三さんが仕事の打ち合わせにも使う広い部屋。鏡の前の暖炉の上に大小の花瓶を並べ、春の花でいっぱいにします。
　賢三さんの好きな花は枝ものの花。ムッシューはいつもこのサロンのデコレーションに使います。

早春

玄関のデコレーション

　ツバキの枝と大ぶりなユリの花で、人を出迎えます。サロンへ向かう廊下は金の屏風が壁面に続いています。屏風の下には様々な花器が並び、ムッシューは賢三さんが選んだその日の花器に合わせ、デコレーションします。

賢三さんとの信頼関係

　賢三さん曰く、「フランソワさんは私の好きな枝ものをうまく使いこなす、パリでは珍しいフローリスト」。仕事柄、季節の移り変わりには敏感な賢三さん、自宅のインテリアは、季節を感じるものを特に大切にしているそうで、花は欠かせぬアイテムのひとつだとか。ムッシューフランソワは賢三さんの好みを把握し、季節感溢れる花材を常に用意します。花が繋ぐ35年にわたる信頼関係です。

ムッシューフランソワ、高田賢三邸へ

白い壁に映えるピンクのユリ

　19世紀に誕生したオスマン様式のアパルトマン。高い天井に装飾が施された白い壁が印象的なサロンです。鏡の前の白い暖炉の上に、ピンクのユリをたっぷりといけました。広い窓から光が入り、部屋の中が暖かい春の空気に満たされます。

Monsieur François chez Monsieur Takada pour des décoration de fleurs

Début du printemps 早春

パリのフローリストで使えるフランス語会話と単語
Conversation et vocabulaire français

パリを訪れたら、フローリストでブーケを注文するのも楽しいですよ。
注文時に指差しで使っても、色や花を迷ったときの参考にもどうぞ。
基本の会話や単語を覚えて、さぁ「ボンジュール！」

フランス語の読み方は、現地でポピュラーな発音にしてあります。

基本のあいさつ・基本のフレーズ

おはようございます／こんにちは	Bonjour.	ボンジュール
こんばんは	Bonsoir.	ボンソワール
さようなら	Au revoir.	オ・ルヴォワール
ありがとう	Merci.	メルスィ
はい	Oui.	ウイ
いいえ	Non.	ノン
いいえ、けっこうです	Non merci.	ノン・メルスィ
すみません	Pardon.	パルドン
お願いします	S'il vous plait.	スィル・ヴ・プレ

フローリストに限らず、店に入ったらかならずあいさつをしましょう。

フローリストで花を注文する時、役立つフレーズ

［ブーケを注文する］

● ブーケを注文する

こんにちは、私はブーケがほしいです。
Bonjour, je voudrais un bouquet s'il vous plait.
ボンジュール ジュ ブードレ アン ブーケ スィル ヴ プレ

● ブーケの目的を言う

プレゼント用です。　　　　　　自分用です。
C'est pour un cadeau　　　　　C'est pour moi.
　セ　プール　アン　カドー　　　　　セ　プール　モア

● 予算を言う

予算は約○○ユーロです。
Environ ○○€.
　アンヴィロン　○○ユーロ

● お勧めの花を聞く

何かお勧めの花はありますか？

Qu'est ce que vous me conseillez ?
ケス　ク　ヴゥ　ム　コンセイェ？

● ブーケの希望を言う

私はピンク系の花のブーケがほしいです。

Je voudrais un bouquet dans les tons roses.
ジュ　ヴドレ　アン　ブーケ　ダン　レ　トン　ローズ

私はミックスカラー（ミックスの花）のブーケがほしいです。

Je voudrais un mélange de differentes couleurs (fleurs).
ジュ　ヴドレ　アン　メランジェ　ドゥ　ディフェラン　クールール（フルール）

この花を入れてください。

Vous pouvez y mettre cette fleur s'il vous plait.
ヴー　プヴェ　イ　メトル　セットフルール　スィル　ヴー　プレ

あなたの店が好きです。あなたの店らしいブーケをお願いします。

J'aime beaucoup le style de votre boutique. Pourriez-vous faire un bouquet dans le style de votre boutique?
ジェム　ボクー　ル スティル ドゥ ヴォトル　ブーケ　プリエ　ヴー フエール アル　ブーケ　ダン スティル ドゥ ヴォトル ブティック

● ブーケを受け取った時の言葉

とてもきれいです！

C'est joli!
セ　ジョリ

気に入りました。

Ce me plaît beaucoup.
サ　ム　プレ　ボクー

[花を買う]

● ブーケを注文する

この花はいくらですか？

Cette fleur, c'est combien?
セットフルール　セ　コンビヤン？

この花は1本売りですか？それとも束売りですか？

Cette fleur est vendue à l'unité ou à la botte?
セット フルール エ ヴァンデュ ア リュニテ　ア ラ ボット

この花を5本とあの花を一束ください。（花を指差しながら）

Je voudrais cinq de cette fleur et une botte celle-là.
ジュ　ヴドレ　サンク ドゥ セット フルール エ ユヌ ボット セル・ラ

この花に合う花瓶はありますか？

Est-ce que vous avez un vase qui va avec ces fleurs?
エスク　ヴーザ　ヴェ アン バース キ ヴァアヴスク セ フルール

● 料金を支払う

いくらですか？（ブーケをひとつ買った場合）

C'est combien?
セ　コンビヤン？

全部でいくらですか？（複数の買い物をした場合）

Ca fait combien?
サ フェイ コンビヤン？

ありがとう！さようなら。 花を受け取ったら、かならずあいさつをして帰りましょう。

Merci, au revoir.
メルスィ　オ ルヴォワール

フラワーデザインで使うフランス語の単語

● 資材

ハサミ	Ciseaux	スィゾー
ナイフ	Couteau	クートー
吸水性スポンジ	Mousse	ムース
ワイヤー	Fil	フィル
竹串	Petit tuteur	プティ テュトゥール
保水用キャップ	Tube	チューブ
セロハンテープ	Scotch	スコッチ
両面テープ	Ruban double-face	リュバン ドゥーブル ファス
ペーパー	Papier	パピエ
リボン	Ruban	リュバン
ラフィア	Raffia	ラフィア
紐	Ficelle	フィセル
ショップカード	Carte de la boutique	カルト ド ブティック
フローラルテープ	Flower tape	フラワータップ
水差し	Carafe	カラフ
花瓶	Vase	ヴァーズ
セロハン（OPPフィルム）	Papier cellophane	パピエ セロファン
ステープラー	Agrafeuse	アグラフーズ
水	Eau	オ

● 色の表現

色	couleur	クールール
白	blanc / blanche	ブロン／ブロンシュ
黒	noir	ノワール
グレー	gris / grise	グリ／グリーズ
青	bleu	ブル
赤	rouge	ルージュ
黄	jaune	ジョーンヌ
緑	vert / verte	ヴェール／ヴェルト
ピンク	rose	ローズ
紫	violet / violette	ヴィオレ／ヴィオレット
金	doré / dorée	ドレ
銀	argenté	アルジョンテ
ワインレッド	bordeaux	ボルドー
レモンイエロー	jaune citron	ジョーンヌシトロン
アプリコット	abricot	アプリコ
オレンジ	orange	オランジュ
水色	bleu pale	ブルーパール
紺色	bleu marine	ブルーマリーヌ
栗色	marron	マロン
ベージュ	beige	ベージュ
クリーム	crème	クレーム
濃い	foncé / foncée	フォンセ
明るい（薄い）	clair / claire	クレール
暗い	sombre	ソーンブル
色合い	ton	トン

パリのフローリストで使えるフランス語会話と単語

● 花材の名前（五十音順）

アーティチョーク	Artichaut	ダリア	Dahlia
アイビー	Lierre	チューリップ	Tulippe
アスチルベ	Astilbe	ツバキ	Camélia
アルケミラモリス	Alchemille	デルフィニウム	Delphinium
アルストロメリア	Alstromeria	トラケリウム	Trachelium
アネモネ	Anémone	トルコギキョウ	Lisianthus
アマリリス	Amarylis	ニゲラ	Nigelle
イングリッシュローズ	Rose anglaise	バラ	Rose
ウイキョウ	Annette または Fenouil	バラの実	Cynorhodonh
ガーベラ	Gerbera	パンジー	Pensée
カスミソウ	Gypsophil	ピスタキア	Lentisque
カラー	Calla	ビバーナム	Viburnum
キク	Chrysamtheme	ヒペリカム	Hypericum
グラジオラス	Glaieul Jacinthe	ヒマワリ	Tournesol Rose
クリスマスローズ	Rose de Noël	ピットスポラム	Pittosporum
クレマチス	Clématite	ブプレウルム	Bupleurum
ケイトウ	Amarante	フリージア	Freesia
コスモス	Cosmos	ベゴニア	Begonia
コリアンダー	Coriandre	マーガレット	Marguerite
カーネーション	Oeillet	ミモザ	Mimosa
グレープアイビー	Les baies de lierre	ミント	Menthe
ケシ	Pavot	ムスカリ	Muscari
シクラメン	Cyclamen	ヤグルマソウ	Bleuet
ジニア	Zinnia	ユーカリ	Eucalyptus
ジャスミン	Jasmin	ユリ	Lys
シンビジウム	Cymbidium	ラベンダー	Lavande
シキミア	Skimia	レースフラワー	Carotte sauvage
スイセン	Narcisse	ワスレナグサ	Myosotis
スズラン	Muguet	ワックスフラワー	Wax flower
スミレ	Violette		

127 | Conversation et des mots en français

ジョルジュ・フランソワ
Georges François

1942年、フランスのパリに生まれる。21歳よりフローリストとなり、数々の有名花店を手掛けてきた。2001年には、銀座メゾンエルメス、オープニングパーティーの花装飾のために来日。現在もパリ、モンパルナスにブティックを持ち、第一線で活躍し続けている。

Georges François Fleurs
36/38 rue Delambre 75014 Paris
Tel. +33 (0)1 43 20 52 34
Fax. +33 (0)1 43 20 53 95
https://georges-francois.fr/

撮影　武田正彦
装丁・デザイン　中島雄太
編集　森美保
撮影協力　フローリストイトウ
　　　　　Yoshiaki Ito

ジョルジュ・フランソワ花の教科書
モン・エチュード・ドゥ・フルール
Mon étude de fleur
フランス花界の巨匠のエスプリとテクニック

2018年4月7日　発行

NDC793

著　者　ジョルジュ・フランソワ
発行者　小川雄一
発行所　株式会社 誠文堂新光社
　　　　〒113-0033　東京都文京区本郷3-3-11
　　　　（編集）電話 03-5800-3616
　　　　（販売）電話 03-5800-5780
　　　　http://www.seibundo-shinkosha.net/
印刷・製本　大日本印刷 株式会社

©2018, Georges François.　　　Printed in Japan

検印省略
万一乱丁・落丁本の場合は、お取り換えいたします。
本書掲載記事の無断転載を禁じます。

本書のコピー、スキャン、デジタル化等の無断複製は、著作権法上での例外を除き、禁じられています。本書を代行業者等の第三者に依頼してスキャンやデジタル化することは、たとえ個人や家庭内での利用であっても著作権法上認められません。
本書に掲載された記事の著作権は著者に帰属します。これらを無断で使用し、展示・販売・レンタル・講習会などを行うことを禁じます。

JCOPY 〈(社)出版者著作権管理機構 委託出版物〉
本書を無断で複製複写（コピー）することは、著作権法上での例外を除き、禁じられています。本書をコピーされる場合は、そのつど事前に、(社)出版者著作権管理機構（電話 03-3513-6969／FAX 03-3513-6979／e-mail:info@jcopy.or.jp）の許諾を得てください。

ISBN978-4-416-51832-8